TAC簿記検定講座

日商簿記3級

ちょっとやさしめ
から
むずかしめ
まで

ネット試験
から
統一試験
まで

まるっと完全予想問題集

TAC出版
TAC PUBLISHING Group

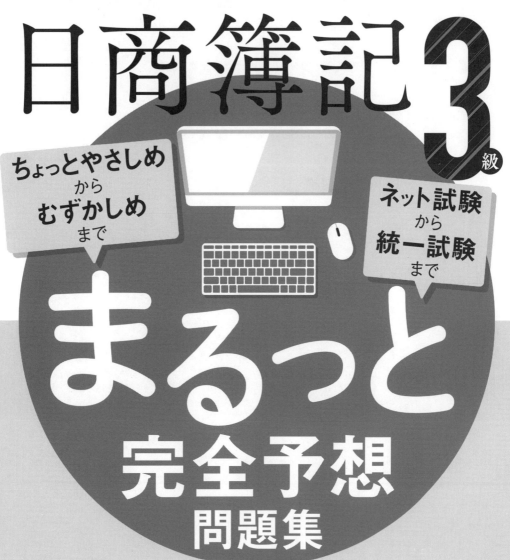

はじめに

日商簿記検定試験対策では、テキストを繰り返し読み、どんなにインプットを頑張ったとしても、本番で70点以上取れなければ日商簿記３級試験に合格できません。つまり、本試験問題を解く力＝アウトプット力が身についているかどうかで、合否は分かれるのです。

「予想問題集」という書名を目にし、本書を手に取っていただいた方もその点を理解され、試験に向けた演習に入られようとしていることでしょう。

もちろん、予想問題は闇雲にこなせばいいというものではありません。また、たまたま点数がよかっただけでは、合格の保証とはなりません。

その意味で本書は「まるっと完全予想問題集」という名のとおり、ちょっとやさしめからむずかしめまで、ネット試験から統一試験までの日商簿記３級試験のすべての出題パターンを盛り込んでおり、10回分の予想問題によって試験での実戦力が確実に身につくよう構成されています。本試験（試験時間60分）と同じ形式で10回分の問題を収載しているので、わずか10時間の学習で、本試験でどういった問題が出てこようとも、対応できる力が身につくのです。

また、次のような点も本書の特長となっていますので、徹底的に活用してください。

・TACの長年の簿記試験分析を基にしたオリジナル予想問題

・年３回の統一試験およびネット試験に向けて、いつからでも使用可能

・問題は「初級・標準」の２段階のレベル別で、習熟度に応じた学習が可能

まずは、初級レベルの第１回～第３回の問題に挑戦してみましょう。

はじめは解けない問題もあるかもしれませんが、解説をしっかりと理解し、繰り返し解き直せば苦手論点もきっと克服できるはずです。誰もが感じるであろう「本番で通用する力が身についているだろうか？」という不安は、本書１冊をマスターすれば必ず解消されることでしょう。

本書を利用した学習により、読者のみなさまが本試験に合格されることをスタッフ一同、心よりお祈り申し上げます。

ＴＡＣ簿記検定講座

※　本書は、『2023年度版　日商簿記３級　まるっと完全予想問題集』について、３割程度、改訂を行ったものです。

本書の特長

重要出題パターンを網《もう》羅《ら》した予想問題集

▷**TACの長年の分析をもとにした予想問題**

本書は、TAC簿記検定講座が長年、収集・分析した日商簿記検定の本試験情報をもとに、出題の可能性が高い重要出題パターンを網羅したオリジナル予想問題集です。

▷**10時間で重要出題パターンをすべてカバー**

「10回分×60分＝10時間」解くことで、重要出題パターンに一通り触れることができます。

▷**「知識の穴」を埋める**

本試験で怖いのが、はじめて見る問題が出題されてしまうことです。本書を解いて「知識の穴」をなくしていきましょう。

やさしい問題から段階的にステップアップ！

問題は２段階にレベル分けされ、習熟度に応じて無理なく学習を進めることができます。

▷**【第１回～第３回】初級レベル**

比較的易しい問題（合格率50％台）の本試験を想定。確実に合格点を取りたい問題です。

▷**【第４回～第10回】標準レベル**

本試験の標準レベル（合格率40％前後）を想定。本試験までに合格点が取れるよう学習を進めましょう。

「出題パターン対応表」で自分の弱点を克服！

本書掲載の出題パターン対応表は、「出題パターン×対応する予想問題×TAC出版のテキストリンク」が一目でわかるようになっています。

▷**自分の苦手論点が一目瞭然**

問題採点後に、出題パターン対応表に印をつけることで、自分の苦手な論点が浮かび上がり、対策すべきところがわかります。

▷**テキストでの復習が簡単に**

テキストに戻って復習したいときに、出題パターン対応表のテキストリンクで見直すべき単元を簡単に探し出せます。

本試験形式の問題＆答案用紙＆模擬試験プログラム

▷**本試験と同様の問題用紙＆答案用紙**

問題用紙・答案用紙は本試験と同じA4サイズで、抜き取って使用します。
また、問題文・解答欄のレイアウトも本試験を再現しているため、本番さながらに学習ができます。

▷**模擬試験プログラム付き**

ネット試験受験生は付属の模擬試験プログラムにもチャレンジしましょう（詳細はp.vii）。

簿記試験はどんな試験？

1 日商簿記３級試験とは

日商簿記３級試験では、基本的な商業簿記を修得し、小規模企業における経理関連書類の適切な処理などの初歩的な実務ができるレベルが求められます。

試験の概要は、次の表のとおりです。

主催団体	日本商工会議所・各地商工会議所
受験資格	特に制限なし
試験日	統一試験：年３回 ６月（第２日曜日）・11月（第３日曜日）・２月（第４日曜日） ネット試験：随時（テストセンターが定める日時）
申込手続き	統一試験：試験の約２か月前から開始。 申込期間は、商工会議所によって異なるので要確認。 ネット試験：テストセンターの申込サイトより随時。
受験料	3,300円（税込）
試験時間	60分
合格点	100点満点のうち70点で合格
問い合わせ先	各地商工会議所・検定試験サイト（https://www.kentei.ne.jp/）

（注１）本書刊行時のデータです。最新の情報は、検定試験サイトでご確認ください。
（注２）一部の商工会議所およびネット試験では事務手数料がかかります。

2 各問の出題形式・配点・目標点

日商簿記３級試験では、大問が３問出題されます。

それぞれの出題形式をおさえ、試験時間60分の中で時間配分を意識しながら解くことが重要です。

	主な出題形式	配点	目標点
第１問	仕訳15題	45点	36点
第２問	帳簿記入・伝票など	20点	14点
第３問	精算表・財務諸表作成など	35点	25点

合格するための本書の使用方法

STEP 1　「簿記試験はどんな試験？」を読む

まずは、日商簿記３級試験が、どんな試験かを知ることからはじめましょう。
出題形式や配点、目標点など、事前に試験情報を把握することで対策ができます。

STEP 2　問題用紙・答案用紙を抜き取り、解答の準備をする

下の図のとおりに、別冊の問題用紙・答案用紙を抜き取ります。抜き取る際のケガには十分にご注意ください。本試験対策として、時計を用意し時間も計りましょう。３級試験の制限時間は60分です。

〈問題・答案用紙の抜き取り方〉

Step ❶
青色の色紙を残したまま、ていねいに抜き取ってください。色紙は、本体からはずれませんので、ご注意ください。

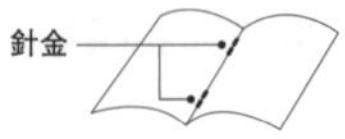

Step ❷
抜き取った用紙を針金のついているページでしっかりと開き、工具を使用して、針金を外してください。その際、ケガをしないよう、お気をつけください。

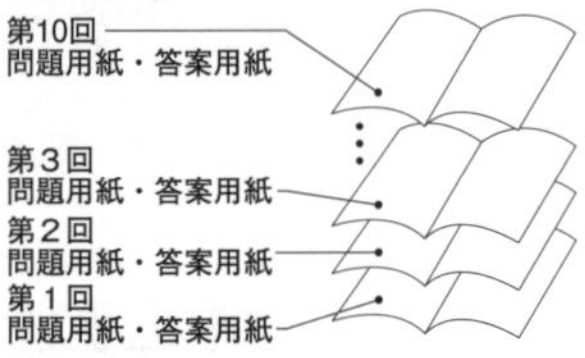

Step ❸
アイテムごとに分けて、お使いください。

STEP 3　問題を繰り返し解く

簿記検定試験の合格の秘訣は、「**問題を繰り返し解いて、出題パターンに慣れること**」です。
どんなにテキストを読んで内容を理解していたとしても、問題が解けなければ試験に合格はできません。
まずは、初級レベルの第１回～第３回の問題からはじめましょう。
制限時間60分をきっちり計り、筆記具と電卓は本番で使用予定のものを使います。

STEP 4　すぐに採点をし、結果をメモする

問題を解いたら、すぐに採点をしましょう。
合格点は70点です。最初は合格点を取れずに難しく感じるかもしれません。
はじめての人は、ほとんどが合格点を取れないものです。
本番ではしっかり合格点が取れるように、あきらめず学習を続けましょう。
なお、答案用紙の右上に各問の得点を記入できますので、問題ごとの得手・不得手の把握が可能です。

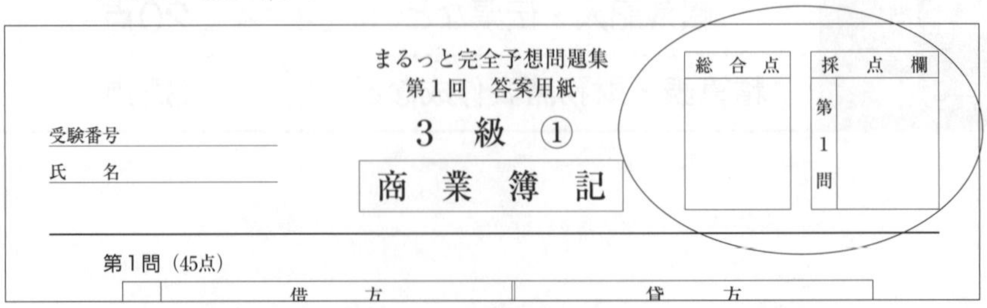
まるっと完全予想問題集
第１回　答案用紙
受験番号
氏　　名
３　級　①
商　業　簿　記
総　合　点
採　点　欄
第１問
第１問（45点）
借　　方　　貸　　方

答案用紙の右上には、各問題の採点欄があります。問題を解き終えたら、すぐに確認するようにしましょう。間違えた問題については、問題用紙の該当部分に印をつけておくなどすることで、何を克服すればいいのか目安となります。

STEP 5　間違えた問題の原因を分析する

「採点して終わり」では、いつまでも同じ間違いを繰り返してしまいます。
間違えた問題は解説を読み、**なぜ間違えたのかを必ず分析**しましょう。
「計算ミス」「論点の理解不足」「問題文をきちんと読んでいなかった」など、原因はさまざまです。
次回、同じパターンの問題を解くときに、同じ間違いを繰り返さないように対策を立てましょう。

STEP 6　「出題パターン対応表」に印づけをする 解答用紙DLサービスを利用する

あとで自分の苦手論点がわかるように、出題パターン対応表のチェックボックスに印をつけましょう。
毎回、欠かさず印をつけることで、最終的に自分の弱点が浮かび上がり、**どこを強化すべきかセルフチェックする**ことができます。
また、理解不足の論点については、出題パターン対応表のリンクを参照し、テキストを読み返しましょう。
なお、「サイバーブックストア（https://bookstore.tac-school.co.jp/）」より解答用紙ダウンロードサービスもご利用いただけます。何度もダウンロードして、繰り返し問題を解いて、出題パターンの完全制覇を目指しましょう。

STEP 7　模擬試験プログラムにチャレンジ

本書には、ネット試験の演習ができる、解説付きの模擬試験プログラム10回分が付属しています。
実際にパソコンで解いてみると、下書用紙の使い方や、日本語入力への切り替えなど、ペーパー試験とは違った工夫が必要なことに気づかれると思います。
ネット試験を受験されるかたは、ぜひこの模擬試験プログラムにアクセスして、ネット試験を体験してみてください。

※本サービスの問題は、本書とは異なる10回分を収載しています。なお、提供期間は、本書の改訂版刊行月末日までです。

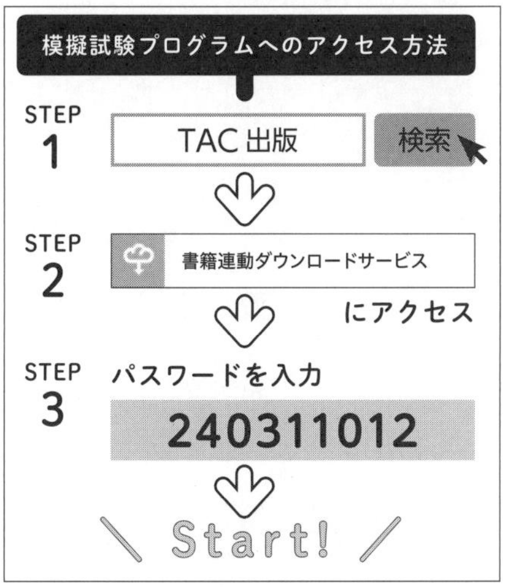

（免責事項）
⑴　本アプリの利用にあたり、当社の故意または重大な過失によるもの以外で生じた損害、及び第三者から利用者に対してなされた損害賠償請求に基づく損害については一切の責任を負いません。
⑵　利用者が使用する対応端末は、利用者の費用と責任において準備するものとし、当社は、通信環境の不備等による本アプリの使用障害については、一切サポートを行いません。
⑶　当社は、本アプリの正確性、健全性、適用性、有用性、動作保証、対応端末への適合性、その他一切の事項について保証しません。
⑷　各種本試験の申込、試験申込期間などは、必ず利用者自身で確認するものとし、いかなる損害が発生した場合であっても当社では一切の責任を負いません。

（推奨デバイス）PC・タブレット
（推奨ブラウザ）Microsoft Edge最新版／Google Chrome最新版／Safari最新版

詳細は、下記URLにてご確認ください。
https://bookstore.tac-school.co.jp/pages/add/boki32app_kiyaku/

出題パターン対応表

過去の本試験の出題傾向を分析・抽出した出題パターンは次表のとおりです。

〈使用方法〉

- 問題採点後、各問題のチェックボックス（□）に、印をつけましょう。
- 苦手論点は、テキストリンクから、TAC出版の各テキストの該当箇所へ戻って復習しましょう。

第❶問対策

大区分	中区分	対応する予想問題	合格テキスト	スッキリわかる	簿記の教科書
現金	通貨代用証券	□ 第6回⑨ □ 第8回⑬ □ 第10回⑪	テーマ06	第3章	CHAPTER03
預金	当座預金	□ 第2回② □ 第4回② □ 第7回⑬		第4章	
	当座借越	□ 第3回⑮ □ 第7回⑩			CHAPTER03、11
	定期預金	□ 第5回④ □ 第10回①			CHAPTER03
	普通預金	□ 第2回② □ 第3回① □ 第4回②			
商品売買	仕入	□ 第2回⑭ □ 第3回② □ 第3回⑤ □ 第4回① □ 第6回⑬ □ 第7回③ □ 第7回④ □ 第8回⑭ □ 第9回⑭ □ 第10回⑮	テーマ04、05	第2章	CHAPTER02
	売上	□ 第1回⑧ □ 第1回⑪ □ 第2回⑫ □ 第3回⑬ □ 第4回③ □ 第5回③ □ 第5回⑮ □ 第6回⑮ □ 第9回④ □ 第9回⑨ □ 第10回② □ 第10回⑨			
	返品	□ 第2回⑩ □ 第8回⑬	テーマ05		
	諸掛り	□ 第1回⑪ □ 第2回⑫ □ 第2回⑭ □ 第4回① □ 第7回④ □ 第9回④ □ 第9回⑭ □ 第10回②			
	買掛金の支払い	□ 第1回④ □ 第3回⑮ □ 第5回⑥ □ 第5回⑬	テーマ04、05		

大区分	中区分	対応する予想問題	合格テキスト	スッキリわかる	簿記の教科書
商品売買	クレジット売掛金	□ 第2回⑦ □ 第3回⑪ □ 第8回⑮	テーマ08	第2章	CHAPTER02
	売掛金の回収	□ 第2回⑪ □ 第4回⑬ □ 第6回⑨ □ 第7回② □ 第10回⑪	テーマ04、05		
	売掛金と買掛金の相殺	□ 第6回⑩	—	—	—
	電子記録債権・債務	□ 第1回⑫ □ 第2回⑨ □ 第3回⑩ □ 第4回⑪ □ 第6回④ □ 第8回⑫ □ 第10回⑬	テーマ10	第6章	CHAPTER04
小口現金		□ 第2回⑬ □ 第4回⑦	テーマ07	第5章	CHAPTER03
現金過不足		□ 第2回③ □ 第6回⑦ □ 第7回⑨ □ 第8回①	テーマ17	第3章	
手形	受取手形	□ 第9回⑥	テーマ09	第6章	CHAPTER04
	支払手形	□ 第6回②			
貸付金		□ 第5回⑨	テーマ11	第7章	CHAPTER06
従業員貸付金		□ 第1回⑭ □ 第5回②	—		
役員貸付金		□ 第3回⑫	テーマ11		
借入金		□ 第2回⑥ □ 第7回⑪			
手形借入金・手形貸付金		□ 第4回④ □ 第5回⑪ □ 第6回⑤ □ 第7回⑧ □ 第8回⑪			
受取利息・支払利息		□ 第1回⑤ □ 第1回⑭ □ 第2回⑥ □ 第3回⑫ □ 第5回④ □ 第5回⑨ □ 第5回⑪ □ 第6回① □ 第7回⑪			
未収入金・未払金		□ 第8回④ □ 第10回④	テーマ12	第8章	
前払金・前受金		□ 第4回⑧ □ 第7回①	テーマ04		
仮払金・仮受金		□ 第1回⑩ □ 第2回⑤ □ 第3回⑥ □ 第6回⑪ □ 第7回⑤ □ 第7回⑦ □ 第8回⑨	テーマ13		
受取商品券		□ 第3回⑬ □ 第5回③ □ 第9回②	テーマ04		
立替金・預り金		□ 第1回① □ 第1回③ □ 第1回⑭ □ 第3回③ □ 第7回⑥ □ 第7回⑫ □ 第9回⑦	テーマ13		

大区分	中区分	対応する予想問題	合格テキスト	スッキリわかる	簿記の教科書
立替金・預り金		□ 第9回⑫	テーマ13	第8章	CHAPTER06
有形固定資産	取得	□ 第2回④ □ 第3回⑭ □ 第4回⑭ □ 第5回① □ 第5回⑭ □ 第7回⑮ □ 第10回④	テーマ12	第11章	CHAPTER05
	売却	□ 第1回⑬ □ 第5回⑤ □ 第8回⑤ □ 第9回⑪	テーマ12、20		CHAPTER11
	改良と修繕	□ 第2回⑧ □ 第3回⑨ □ 第4回⑩	テーマ12		CHAPTER05
訂正仕訳		□ 第5回⑬ □ 第6回⑫	テーマ16	第14章	CHAPTER06
その他	貸倒引当金	□ 第7回⑭	テーマ19	第10章	CHAPTER11
	償却債権取立益	□ 第1回② □ 第6回⑫ □ 第9回⑤			
	債権の貸倒れ	□ 第4回⑬ □ 第5回⑧ □ 第8回③ □ 第9回⑬ □ 第10回⑭			―
	再振替仕訳	□ 第5回⑩ □ 第6回⑥ □ 第7回⑩ □ 第10回⑩	テーマ21～23	第14章	CHAPTER11
	決算振替	□ 第1回⑨ □ 第2回① □ 第4回⑤ □ 第10回③	テーマ26	第19章	CHAPTER12
	法定福利費	□ 第7回⑥ □ 第9回⑫	テーマ13	第9章	CHAPTER06
	交通費（ICカード）	□ 第8回⑥			CHAPTER13
	消耗品費	□ 第4回⑭ □ 第6回⑪ □ 第8回⑩ □ 第10回④	テーマ07		CHAPTER06
	通信費	□ 第6回③ □ 第8回⑪ □ 第10回⑩			CHAPTER03
	貯蔵品	□ 第9回① □ 第10回⑩	テーマ21	第9、18章	CHAPTER11
	租税公課	□ 第2回④ □ 第3回④ □ 第6回③ □ 第8回② □ 第9回⑧ □ 第10回⑧ □ 第10回⑩		第9章	CHAPTER06
	株式の発行	□ 第1回⑦ □ 第3回⑧ □ 第5回⑫	テーマ28	第12章	
	剰余金の配当	□ 第6回⑭ □ 第8回⑦ □ 第8回⑧ □ 第9回⑩	テーマ29		CHAPTER12
	法人税等の納付	□ 第1回⑮ □ 第2回⑮ □ 第3回⑦ □ 第10回⑥	テーマ30	第13章	CHAPTER11

大区分	中区分	対応する予想問題	合格テキスト	スッキリわかる	簿記の教科書
その他	消費税	□ 第4回③ □ 第4回⑮ □ 第6回⑬ □ 第8回⑭ □ 第8回⑮ □ 第9回⑨ □ 第10回⑤ □ 第10回⑨ □ 第10回⑮	テーマ30	第13章	CHAPTER06、11
	貸借契約	□ 第4回⑥ □ 第4回⑫ □ 第5回⑦ □ 第6回⑧ □ 第9回⑮ □ 第10回⑦	テーマ12	第8、14章	CHAPTER06
	伝票	□ 第1回⑥ □ 第9回③	テーマ32	第17章	CHAPTER09
	証ひょう	□ 第1回⑧ □ 第1回⑮ □ 第2回⑮ □ 第3回② □ 第4回③ □ 第4回⑮ □ 第5回⑮ □ 第6回⑮ □ 第7回④ □ 第8回⑨ □ 第8回⑩ □ 第8回⑮ □ 第9回⑮ □ 第10回⑮	テーマ31		CHAPTER13

第2問対策

大区分	中区分	対応する予想問題	合格テキスト	スッキリわかる	簿記の教科書
帳簿組織	売掛金・買掛金元帳	□ 第2回(1) □ 第4回(2) □ 第7回(1) □ 第10回(2)	テーマ05	第15章	CHAPTER07
	商品有高帳	□ 第4回(1) □ 第6回(2)			
	補助簿の選択	□ 第2回(2)	テーマ14		
	当座預金出納帳	□ 第1回(2)			
	小口現金出納帳	□ 第7回(2)	テーマ07		
	固定資産台帳	□ 第5回(1) □ 第8回(1)	テーマ20		
勘定記入	当座預金	□ 第1回(2)	テーマ06	第4章	CHAPTER03
	固定資産	□ 第5回(1) □ 第8回(1)	テーマ12、20	第11章	CHAPTER07
	商品売買	□ 第4回(1) □ 第6回(2) □ 第10回(2)	テーマ04、05	第2章	CHAPTER02
	売掛金	□ 第7回(1)			
	買掛金	□ 第2回(1)			
	貯蔵品	□ 第10回(1)	テーマ21	第9、18章	CHAPTER11
	法人税等	□ 第3回(1)	テーマ30	第13章	
	損益振替	□ 第6回(1)	テーマ26	第19章	CHAPTER12
	経過勘定	□ 第1回(1) □ 第9回(1) □ 第9回(2)	テーマ23	第14章	CHAPTER11
個別論点	現金	□ 第8回(2)	テーマ06、17	第3章	CHAPTER03
	売上総利益の計算	□ 第4回(1)	テーマ18	第2、18章	CHAPTER07

大区分	中区分	対応する予想問題	合格テキスト	スッキリわかる	簿記の教科書
個別論点	売上総利益の計算	□ 第6回(2) □ 第10回(2)	テーマ18	第2、18章	CHAPTER07
伝票	仕訳日計表	□ 第4回(2)	テーマ32	第17章	CHAPTER09
理論問題	空欄補充	□ 第5回(2)			
	正誤問題	□ 第3回(2)			

第❸問対策

大区分	中区分	対応する予想問題	合格テキスト	スッキリわかる	簿記の教科書
決算整理後残高試算表		□ 第1回 □ 第4回 □ 第7回	テーマ24	第18章	CHAPTER11
精算表		□ 第3回 □ 第5回	テーマ25		CHAPTER12
損益勘定・繰越利益剰余金勘定・貸借対照表		□ 第9回	テーマ26、27		
財務諸表		□ 第2回 □ 第6回 □ 第8回 □ 第10回	テーマ27		
決算整理事項等	仮払金・仮受金	□ 第1回 □ 第2回 □ 第4回 □ 第5回 □ 第6回 □ 第7回 □ 第9回 □ 第10回	テーマ13	第8章	CHAPTER06
	訂正仕訳	□ 第1回 □ 第2回 □ 第3回 □ 第4回	テーマ16	第14章	
	未処理事項等	□ 第1回 □ 第2回 □ 第3回 □ 第5回 □ 第8回 □ 第10回		第18章	CHAPTER11
	現金過不足の整理	□ 第1回 □ 第2回 □ 第3回 □ 第4回 □ 第5回 □ 第6回 □ 第8回 □ 第9回	テーマ17		
	貯蔵品	□ 第3回 □ 第4回 □ 第7回 □ 第10回	テーマ21		
	当座借越	□ 第6回 □ 第9回	テーマ22		CHAPTER03、11
	売上原価の計算	□ 第1回 □ 第2回 □ 第3回 □ 第4回 □ 第5回 □ 第6回 □ 第7回 □ 第8回 □ 第9回 □ 第10回	テーマ18		CHAPTER11
	貸倒引当金の設定	□ 第1回 □ 第2回	テーマ19		

大区分	中区分	対応する予想問題	合格テキスト	スッキリわかる	簿記の教科書
決算整理事項等	貸倒引当金の設定	□ 第3回 □ 第4回 □ 第5回 □ 第6回 □ 第7回 □ 第8回 □ 第9回 □ 第10回	テーマ19	第18章	CHAPTER11
	有形固定資産の減価償却	□ 第1回 □ 第2回 □ 第3回 □ 第4回 □ 第5回 □ 第7回 □ 第8回 □ 第9回 □ 第10回	テーマ20		
	費用の未払い	□ 第1回 □ 第2回 □ 第3回 □ 第5回 □ 第6回 □ 第8回 □ 第9回 □ 第10回	テーマ23		
	費用の前払い	□ 第1回 □ 第2回 □ 第4回 □ 第6回 □ 第7回 □ 第8回 □ 第10回			
	収益の未収	□ 第3回 □ 第4回 □ 第6回 □ 第8回 □ 第10回			
	収益の前受け	□ 第5回			
	消費税	□ 第1回 □ 第2回 □ 第3回 □ 第4回 □ 第5回 □ 第6回 □ 第7回 □ 第8回 □ 第10回	テーマ30	第13、18章	
	法人税等	□ 第2回 □ 第3回 □ 第4回 □ 第5回 □ 第6回 □ 第7回 □ 第8回 □ 第9回 □ 第10回			

CONTENTS

日商簿記検定試験対策

まるっと完全予想問題集

第１回

解答・解説

	出題論点	難易度
第１問	仕訳問題 １所得税の納付、２売掛金の回収、３立替金、４買掛金の決済、５受取利息、６伝票、７設立、８売上/証ひょう、９損益振替、10旅費交通費、11売上/発送費、12電子記録債務、13備品の売却、14給料、15法人税等の納付/証ひょう	A
第２問	⑴勘定記入（経過勘定・受取手数料）	A
	⑵当座預金出納帳	A
第３問	決算整理後残高試算表	A

〔難易度〕 A：普通　B：やや難しい

第１回　解答

第１問（45点）

	借方 記号	借方 金額	貸方 記号	貸方 金額
1	(ウ) 所得税預り金	155,000	(エ) 普通預金	155,000
2	(エ) 当座預金	60,000	(ウ) 償却債権取立益	60,000
3	(ア) 現金	30,000	(カ) 立替金	30,000
4	(エ) 買掛金	50,000	(ウ) 支払手形	50,000
5	(ア) 普通預金	10,000	(ウ) 受取利息	10,000
6	(オ) 売掛金	200,000	(ア) 売上	200,000
7	(ウ) 普通預金	2,000,000	(ア) 資本金	2,000,000
8	(ウ) クレジット売掛金	14,700	(オ) 売上	26,000
	(カ) 支払手数料	300		
	(イ) 現金	11,000		
9	(イ) 売上	2,690,000	(カ) 損益	3,330,000
	(ウ) 受取地代	390,000		
	(オ) 受取利息	250,000		
10	(ウ) 旅費交通費	157,500	(オ) 仮払金	150,000
			(ア) 未払金	7,500
11	(ウ) 前受金	120,000	(エ) 売上	609,000
	(オ) 売掛金	489,000		
	(カ) 発送費	9,000	(ア) 現金	9,000
12	(カ) 買掛金	350,000	(イ) 電子記録債務	350,000
13	(オ) 備品減価償却累計額	300,000	(ウ) 備品	500,000
	(カ) 未収入金	150,000		
	(イ) 固定資産売却損	50,000		
14	(ア) 給料	1,530,000	(ウ) 従業員貸付金	200,000
			(エ) 受取利息	1,000
			(イ) 所得税預り金	150,000
			(カ) 当座預金	1,179,000
15	(オ) 未払法人税等	175,000	(ウ) 普通預金	175,000

仕訳一組につき３点を与える。合計45点。

（注）実際の本試験では、記号のみを解答してください。

第２問（20点）

(1)

受取手数料

(３/31)	[オ（前受手数料）]	〈 120,000 〉	(８/１)	[ア（現　金）]	〈 180,000 〉
(３/31)	[ク（損　益）]	〈 240,000 〉	(２/１)	[ア（現　金）]	〈 180,000 〉
		〈 360,000 〉			〈 360,000 〉

前受手数料

(３/31)	[キ（次期繰越）]	〈 120,000 〉	(３/31)	[エ（受取手数料）]	〈 120,000 〉
		〈 120,000 〉			〈 120,000 〉

（注）実際の本試験では、記号のみを解答してください。

(2)

当座預金出納帳

A　銀　行

x2年		摘要	預入	引出	借/貸	残高
12	1	前月繰越	(121,500)		借	(121,500)
	4	品川株式会社より仕入		(270,000)	貸	148,500
	22	渋谷株式会社へ売上	207,000		借	(58,500)
	29	上野株式会社へ手形代金支払		81,000	貸	22,500
	31	次月繰越	(22,500)			
			351,000	351,000		
1	1	前月繰越		22,500	貸	22,500

B　銀　行

x2年		摘要	預入	引出	借/貸	残高
12	1	前月繰越	54,000		借	54,000
	8	神田株式会社より売掛金回収	(45,000)		借	(99,000)
	25	目黒株式会社へ買掛金支払		108,000	貸	(9,000)
	31	次月繰越	(9,000)			
			108,000	108,000		
1	1	前月繰越		9,000	貸	9,000

当座預金

日付	摘要	金額	日付	摘要	金額
12/1	前月繰越	175,500	12/4	仕　入	270,000
8	(売掛金)	45,000	25	買掛金	(108,000)
22	売　上	(207,000)	29	(支払手形)	(81,000)
31	次月繰越	(31,500)			
		(459,000)			(459,000)
			1/1	前月繰越	(31,500)

［実線枠］1つにつき2点を与える。合計20点。

第3問（35点）

問1

決算整理後残高試算表

借　方	勘定科目	貸　方
170,360	現金	
284,360	普通預金	
34,800	受取手形	
25,200	売掛金	
38,400	繰越商品	
10,800	(前払)家賃	
144,000	備品	
	支払手形	14,360
	買掛金	29,760
	借入金	240,000
	未払金	2,880
	(未払)利息	1,200
	未払消費税	7,540
	貸倒引当金	2,400
	備品減価償却累計額	40,000
	資本金	303,080
	繰越利益剰余金	58,000
	売上	287,200
	受取手数料	24,220
	固定資産売却益	300
192,600	仕入	
43,780	給料	
3,000	通信費	
1,800	消耗品費	
32,400	支払家賃	
20,800	減価償却費	
1,440	貸倒引当金繰入	
7,200	支払利息	
1,010,940		1,010,940

問2　（¥ 8,700 ）

［実線枠］1つにつき3点、［点線枠］1つにつき2点を与える。合計35点。

第1回　解説

第1問

1．従業員の給料に対する所得税の源泉徴収税額は、いったん会社が預かっておき、後で会社が従業員に代わって納付します。

(1) 給料を支払ったときは、所得税の源泉徴収税額を所得税預り金勘定の貸方に記入します。

(給料)	×××	(普通預金)	×××
		(所得税預り金)	155,000

(2) 従業員に代わって、所得税の源泉徴収税額を納付したときは、所得税預り金勘定の借方に記入します。なお、本問では普通預金口座から支払っているため、普通預金勘定の貸方に記入します。

(所得税預り金)	155,000	(普通預金)	155,000

2．前期以前に貸倒れ処理した債権を回収した場合、償却債権取立益勘定（収益）の貸方に記入します。なお、本問では、現金で回収し、ただちに当座預金としたとあるので、当座預金勘定の借方に記入します。

3．代金を立て替えたときには、立替金勘定の借方に記入します。したがって、立替金を精算したときには立替金勘定の貸方に記入します。また、普通為替証書（郵便為替証書）は通貨代用証券なので、受け取ったときには現金勘定の借方に記入します。

4．買掛金を決済したときには、買掛金勘定の借方に記入します。また、約束手形を振り出しているため、支払手形勘定の貸方に記入します。

5．貸付金に対する利息を受け取ったときには、受取利息勘定の貸方に記入します。

6．入金伝票に売上と記入されていることから、取引を分割して記入していることがわかります。したがって、振替伝票に記入する金額は200,000円となります。

① 入金伝票

(現金)	100,000	(売上)	100,000

② 振替伝票

(売掛金)	200,000	(売上)	200,000

7．設立時に株式を発行して資金を調達したときは、原則として払込金額の全額を資本金とします。

8．売上集計表に記載されている各品目の合計金額を売上勘定で処理します。なお、クレジットカードによる決済額は、あとで信販会社に売上代金を請求できるため、クレジット売掛金勘定で処理します。信販会社への手数料については、問題文の指示に従い、販売時に計上し、クレジット決済額から控除します。

9．収益勘定の決算整理後の残高は損益勘定の貸方へ振り替えられます。なお、決算整理後の残高は以下のように計算します。

売上：2,800,000円－110,000円＝2,690,000円

受取地代：480,000円－90,000円＝390,000円
受取利息：180,000円＋70,000円＝250,000円

10．仮払金の処理は、以下のとおりです。

(1) 旅費の概算額を前渡ししたときは、仮払金勘定で処理しておき、その後、旅費の金額が確定したときに旅費交通費勘定へ振り替えます。

(仮払金)	150,000	(現金預金)	150,000

(2) 仮払金を精算したときは、仮払金勘定の貸方に記入します。また、旅費については、旅費交通費勘定の借方に記入します。旅費の金額については、概算額150,000円、不足額7,500円の合計157,500円となります。なお、旅費の不足額については、本問では指示により未払金勘定の貸方に記入します。

(旅費交通費)	157,500	(仮払金)	150,000
		(未払金)	7,500

11．商品に送料を加えた合計額で販売しているため、売上勘定の貸方にその合計額を記入します。また、代金のうち120,000円については、受け取ったときに前受金勘定の貸方に記入しているため、借方に記入して取り崩し、商品に送料を加えた合計額との差額を売掛金勘定の借方に記入します。なお、送料は現金で支払っているので、発送費勘定の借方と現金勘定の貸方に記入します。

売上：600,000円＋9,000円＝609,000円
売掛金：609,000円－120,000円＝489,000円

【参考】

問題文中に発送費が当社負担と明記されている場合は、以下のとおりとなります。

（問題）

得意先長野株式会社に商品￥600,000（原価￥480,000）を売り渡し、代金は内金￥120,000を差し引き、残額は掛けとした。なお、発送のための諸費用（当社負担）￥9,000は現金で支払った。

（解答）

(前受金)	120,000	(売上)	600,000
(売掛金)	480,000		
(発送費)	9,000	(現金)	9,000

12．電子記録債務が発生したときには、電子記録債務勘定の貸方に記入します。なお、買掛金については、電子記録債務に置き換わるため、買掛金勘定の借方に記入します。

13．固定資産を売却したときは、売却価額と帳簿価額の差額である固定資産売却損益を計上します。固定資産の帳簿価額は、取得原価から減価償却累計額を控除した金額です。また、間接法により記帳しているため、売却した備品の取得原価を備品勘定の貸方に記入するとともに、前期末までの減価償却額を備品減価償却累計額勘定の借方に記入します。なお、商品以外の代金を後日受け取るときには、未収入金勘定の借方に記入します。

備品減価償却累計額：500,000円〈取得原価〉－200,000円〈帳簿価額〉＝300,000円

売却損益：150,000円〈売却価額〉－200,000円〈帳簿価額〉＝△50,000円〈売却損〉

14. 給料を支払ったときには、給料勘定の借方に記入します。なお、従業員へ金銭を貸し付けたときには、従業員貸付金勘定の借方に記入しているため、給料支払時に返済額を差し引いたときには従業員貸付金勘定の貸方に記入するとともに利息を受取利息勘定の貸方に記入します。また、所得税の源泉徴収額は所得税預り金勘定の貸方に記入します。

15. 納付書（領収証書）の税目欄に、法人税と記載されており、また、確定申告に○印が付いていることから、法人税の確定申告に関する取引と判断できます。確定申告の段階では、決算時に計上した未払法人税等を納付しているので、未払法人税等勘定の借方に記入します。

第2問

(1) **勘定記入**

日付順に取引の仕訳を示すと次のとおりです。

① ×8年８月１日　広告宣伝料の受け取り

問題文の指示にしたがって、広告宣伝料として受け取った金額を受取手数料勘定として処理します。

（現　　　金）	180,000	（受 取 手 数 料）	180,000

② ×9年２月１日　広告宣伝料の受け取り

（現　　　金）	180,000	（受 取 手 数 料）	180,000

③ ×9年３月31日　受取手数料の前受け

当期の×9年２月１日に受け取った受取手数料６か月分のうち、４か月分は次期の収益なので前受手数料勘定に振り替えます。

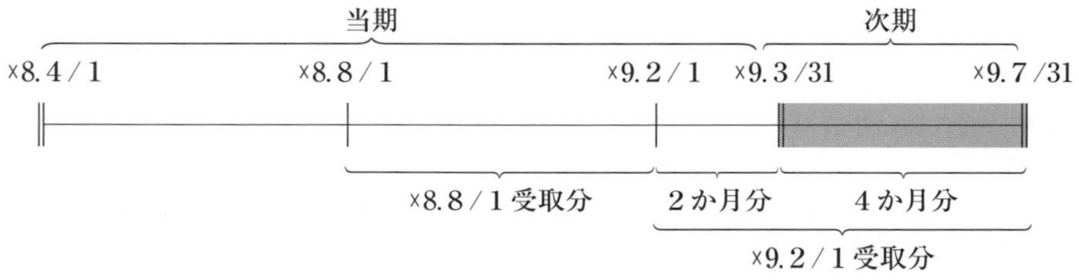

（受 取 手 数 料）	120,000	（前 受 手 数 料）（＊）	120,000

（＊）　$180{,}000円 \times \dfrac{4か月}{6か月} = 120{,}000円$

④ ×9年３月31日　損益勘定への振り替え（決算振替仕訳）

受取手数料勘定の決算整理後残高240,000円を、損益勘定に振り替えて、それぞれの勘定を締め切ります。

（受 取 手 数 料）	240,000	（損　　　益）	240,000

（7）

⑤ ×9年３月31日　資産勘定の締め切り

前受手数料勘定の決算整理後の貸方残高120,000円を、借方に「次期繰越」と記入し、借方と貸方の合計金額を一致させて締め切ります。なお、仕訳は不要です。

(2) **当座預金出納帳**

1．12月中の取引の仕訳

	借 方 科 目	金　額	貸 方 科 目	金　額
12/4	仕　　入	270,000	当 座 預 金	270,000
8	当 座 預 金	45,000	売 掛 金	45,000
22	当 座 預 金	207,000	売　　上	207,000
25	買 掛 金	108,000	当 座 預 金	108,000
29	支 払 手 形	81,000	当 座 預 金	81,000

2．両行の当座預金出納帳、当座預金勘定の記入

当座預金出納帳は取引銀行の各口座ごとに作成される補助簿であり、本問の場合Ａ銀行用とＢ銀行用を作成します。

① 12月１日

当座預金勘定の前月繰越額175,500円とＢ銀行の前月繰越額54,000円の差額で、Ａ銀行の前月繰越額は121,500円となります。

② 12月４日

当座預金勘定の12月４日における記入から仕入額は270,000円です。引き出し前のＡ銀行の当座預金出納帳残高は121,500円であり、引出額が270,000円なので、不足額148,500円が当座借越となります。

③ 12月８日

Ｂ銀行の当座預金出納帳の摘要欄に売掛金回収による記帳があり、当座預金勘定の12月８日の記帳より、預入額は45,000円です。預け入れ前のＢ銀行の残高は54,000円なので、Ｂ銀行の当座預金出納帳残高は99,000円となります。

④ 12月22日

売上により、Ａ銀行に207,000円の当座入金がありますが、Ａ銀行に対して当座借越が148,500円あるため、その当座借越を返済し、残額58,500円を当座預金とします。

⑤ 12月25日

買掛金108,000円の支払いに対し、Ｂ銀行の当座預金出納帳残高は99,000円であることから、不足額9,000円が当座借越となります。

⑥ 12月29日

支払手形81,000円の支払いに対し、Ａ銀行の当座預金出納帳残高は58,500円であることから、不足額22,500円が当座借越となります。この時点の当座預金勘定残高は、Ａ・

（8）

B両行に対する借越額の合計31,500円となり、この金額が次月繰越となります。

第3問

問1

決算日に未処理事項や訂正事項がある場合は、決算整理事項に先立って適切な処理を行い、処理後の残高をもとに決算整理します。

1．訂正仕訳

商品代金の未収額は売掛金勘定、現金で回収したあと、ただちに普通預金とした場合は、普通預金勘定で処理します。したがって、現金勘定を普通預金勘定に、未収入金勘定を売掛金勘定に訂正します。

(普　通　預　金)	9,120	(現　　　　金)	9,120
(未　収　入　金)	9,120	(売　　掛　　金)	9,120

2．仮払金および現金過不足の整理

仮払金について、正しい仕訳をします。なお、現金過不足は、仮払金の戻し分であることが判明したため、仮払金の貸方に振り替えます。

(現 金 過 不 足)	200	(仮　　払　　金)	1,000
(消　耗　品　費)	800		

3．未処理事項

(備　　　　品)	48,000	(普　通　預　金)	48,000

4．未処理事項

(普　通　預　金)	9,800	(土　　　　地)	9,500
		(固定資産売却益)(＊)	300

(＊)　9,800円－9,500円＝300円

5．貸倒引当金

貸倒引当金勘定の残高が売上債権（受取手形勘定と売掛金勘定）期末残高の４％になるよう差額を補充します。なお、貸倒引当金の設定額は、前記１．の処理を行ったあとの売掛金勘定と受取手形勘定の残高により計算します。

(貸倒引当金繰入)(＊)	1,440	(貸　倒　引　当　金)	1,440

(＊)　売上債権の修正後残高：34,800円＋(34,320円－9,120円)＝60,000円
受取手形　売掛金25,200円

貸倒引当金の当期末設定額：60,000円×４％＝2,400円

貸倒引当金繰入額：2,400円－960円〈試算表の貸倒引当金〉＝1,440円

6．売上原価

仕入勘定で売上原価が算定され、繰越商品勘定が期末商品棚卸高になるように次の処理をします。

(仕　　　　入)	19,200	(繰　越　商　品)	19,200
(繰　越　商　品)	38,400	(仕　　　　入)	38,400

7．減価償却

備品について定額法による減価償却を行います。なお、当期に取得した備品は月割計算します。

(減　価　償　却　費)(＊)	20,800	(備品減価償却累計額)	20,800

(＊)　96,000円〈試算表〉÷５年＝19,200円

48,000円〈新備品〉÷５年×$\frac{2か月}{12か月}$＝1,600円

19,200円＋1,600円＝20,800円

8．消費税の処理

仮受消費税と仮払消費税とを相殺して未払消費税を計算します。

(仮　受　消　費　税)	28,720	(仮　払　消　費　税)	21,180
		(未　払　消　費　税)	7,540

9．費用の前払い

支払家賃勘定の残高43,200円は、前期に支払った12か月分のうち、当期の支払家賃４か月分（×4年４月１日～７月31日）と、当期（×4年８月１日）に支払った12か月分（×4年８月１日～×5年７月31日）の合計の16か月分です。したがって、次期の４か月分（×5年４月１日～７月31日）を前払家賃（資産）として計上します。

(前　払　家　賃)(＊)	10,800	(支　払　家　賃)	10,800

(＊)　43,200円〈試算表〉×$\frac{4か月}{16か月}$＝10,800円

10．費用の未払い

支払利息勘定の残高6,000円は、前期の未払利息２か月分（×4年２月１日～３月31日）の再振替分と、当期（×5年１月31日）に支払った12か月分（×4年２月１日～×5年１月31日）との差である10か月分です。したがって、当期の２か月分（×5年２月１日～３月31日）を未払利息（負債）として計上します。

(支　払　利　息)(＊)	1,200	(未　払　利　息)	1,200

(＊)　6,000円〈試算表〉×$\frac{2か月}{10か月}$＝1,200円

以上の仕訳の金額を、決算整理前残高試算表の金額に加減算した残高を、答案用紙の決算整理後残高試算表へ移記します。

問2

決算整理後残高試算表に記載されている収益と費用の差額から当期純利益を求めます。

①　収益：287,200円＋24,220円＋300円＝311,720円

②　費用：192,600円＋43,780円＋3,000円＋1,800円＋32,400円＋20,800円＋1,440円＋7,200円
＝303,020円

③　収益－費用＝8,700円（当期純利益）

日商簿記検定試験対策

まるっと完全予想問題集

第２回

解答・解説

		出題論点	難易度
第１問	仕訳問題	１損益振替、２当座預金、３現金過不足の整理、５前払保険料、 ６借入金の借入、７クレジット売掛金の回収、８固定資産の改良・修繕、 ９電子記録債権、10返品、11売掛金の回収、12売上/発送費、13小口現金、14仕入/諸掛り、15仮払法人税等/証ひょう	A
		４土地・建物の購入	B
第２問		⑴買掛金元帳・勘定記入	A
		⑵補助簿選択問題	A
第３問		財務諸表の作成	A

〔難易度〕 A：普通　B：やや難しい

第２回　解答

第１問（45点）

	借方 記号	借方 金額	貸方 記号	貸方 金額
1	（ウ）損益	690,000	（ア）繰越利益剰余金	690,000
2	（ア）当座預金 （エ）支払手数料	2,000,000 2,000	（ウ）普通預金 （オ）現金	2,000,000 2,000
3	（イ）消耗品費 （ウ）雑損	124,000 59,000	（エ）現金過不足 （オ）保険料	54,000 129,000
4	（カ）土地 （イ）建物 （ア）租税公課	8,320,000 6,240,000 20,000	（ウ）普通預金	14,580,000
5	（オ）保険料 （エ）前払保険料	320,000 160,000	（イ）仮払金	480,000
6	（エ）支払利息 （カ）当座預金	36,000 2,964,000	（ア）借入金	3,000,000
7	（イ）普通預金	480,000	（カ）クレジット売掛金	480,000
8	（カ）建物 （ウ）修繕費	350,000 100,000	（オ）当座預金	450,000
9	（イ）当座預金	950,000	（ウ）電子記録債権	950,000
10	（オ）買掛金	100,000	（カ）仕入	100,000
11	（カ）受取手形 （イ）現金	64,000 50,000	（オ）売掛金	114,000
12	（ア）前受金 （ウ）受取手形 （イ）発送費	150,000 276,000 6,000	（カ）売上 （エ）現金	426,000 6,000
13	（ウ）通信費 （オ）消耗品費 （カ）雑費	25,000 3,000 1,400	（エ）小口現金	29,400
14	（ア）仕入	380,000	（カ）買掛金	380,000
15	（イ）仮払法人税等	700,000	（ア）普通預金	700,000

仕訳一組につき３点を与える。合計45点。

（注）実際の本試験では、記号のみを解答してください。

第２問（20点）

(1)

①	②	③	④	⑤
120,000	340,000	8,000	220,000	110,000

(2)

	現金出納帳	当座預金出納帳	受取手形記入帳	支払手形記入帳	得意先元帳	仕入先元帳	仕入帳	売上帳	商品有高帳	固定資産台帳
1	✓	✓								✓
2	✓			✓		✓				
3						✓				
4	✓				✓					
5					✓			✓	✓	

(1)は、②④は各３点、①③⑤は各２点を与える。

(2)は、横一列完答で１、５は各１点、２～４は各２点を与える。合計20点。

第3問（35点）

損益計算書

愛媛株式会社　×8年（4）月（1）日～×9年（3）月（31）日　（単位：円）

費用	金額	収益	金額
売上原価	（68,028,000）	売上高	162,130,000
給料	7,410,000	受取利息	（2,000）
広告宣伝費	（5,400,000）	受取手数料	（6,248,000）
支払家賃	（11,760,000）		
法定福利費	4,029,000		
貸倒引当金繰入	（351,940）		
減価償却費	（3,435,600）		
旅費交通費	（225,000）		
法人税、住民税及び事業税	（26,218,000）		
当期純利益	（41,522,460）		
	（168,380,000）		（168,380,000）

貸借対照表

愛媛株式会社　×9年（3）月（31）日　（単位：円）

資産	金額		負債及び純資産	金額
現金		（135,800,000）	支払手形	38,020,000
当座預金		（124,275,100）	買掛金	28,315,000
定期預金		（1,000,000）	未払法人税等	（26,218,000）
受取手形	20,817,000		未払消費税	（9,200,700）
貸倒引当金	（△ 416,340）	（20,400,660）	未払費用	（450,000）
売掛金	（29,880,000）		社会保険料預り金	518,700
貸倒引当金	（△ 597,600）	（29,282,400）	資本金	136,500,000
商品		（11,325,000）	繰越利益剰余金	（97,093,160）
前払費用		（490,000）		
備品	20,613,600			
減価償却累計額	（△ 6,871,200）	（13,742,400）		
		（336,315,560）		（336,315,560）

□ 1つにつき3点、⬚ 1つにつき2点を与える。合計35点。

第2回　解説

第1問

1．株式会社では、当期純利益を損益勘定から繰越利益剰余金勘定の貸方に振り替えます。

2．当座預金口座を開設し、普通預金口座から振り替えた場合、普通預金勘定から当座預金勘定の借方に振り替えます。なお、小切手帳の発行手数料は、支払手数料勘定の借方に記入します。

3．未処理や誤記入していた取引について、修正します。

① 消耗品費の未処理

（消耗品費）	124,000	（現金過不足）	124,000

② 保険料の誤記入

（現金過不足）	129,000	（保険料）	129,000

上記の結果、原因不明の不足額59,000円（＝54,000円＋129,000円－124,000円）が生じるため、雑損勘定の借方に記入します。

4．土地付建物の購入

（土地）（＊1）	8,320,000	（普通預金）	14,580,000
（建物）（＊2）	6,240,000		
（租税公課）	20,000		

（＊1）8,000,000円×（1＋4%）＝8,320,000円

（＊2）6,000,000円×（1＋4%）＝6,240,000円

土地勘定、建物勘定は、代金に仲介手数料（付随費用）を含めた取得原価で借方に記入します。印紙代は問題文に費用処理することが指示されているため、租税公課勘定として借方に記入します。

5．保険料を支払ったときには、仮払金勘定の借方に記入しているため、内容が判明し、仮払金を精算するさいには、仮払金勘定の貸方に記入します。なお、支払った保険料のうち当期分を保険料勘定へ、翌期分を前払保険料勘定へ振り分けます。

保険料：$480{,}000円 \times \frac{4か月}{6か月} = 320{,}000円$

前払保険料：$480{,}000円 \times \frac{2か月}{6か月} = 160{,}000円$

6．金銭の借り入れを行ったときには、借入金勘定の貸方に記入します。借り入れ時に差し引かれた利息については、支払利息勘定の借方に記入します。

支払利息：$3{,}000{,}000円 \times 3\% \times \frac{146日}{365日} = 36{,}000円$

当座預金：3,000,000円－36,000円＝2,964,000円

7．クレジット売掛金が決済されたときには、クレジット売掛金勘定の貸方に記入します。

8．改良とは、耐震または免震工事など固定資産の価値を高めたり、耐用年数が延長するよ

うな支出（資本的支出）のことです。このときの支出額は、その固定資産の取得原価に加算し、ここでは、建物勘定（資産）の借方に記入します。一方、修繕とは、その固定資産の価値を維持するための支出（収益的支出）のことです。このときの支出額は、修繕費勘定の借方に記入します。

9．電子記録債権が決済されたときには、電子記録債権勘定の貸方に記入します。

10．返品したときは、仕入れたときの貸借逆仕訳をします。なお、本問では掛け代金から控除する旨の指示があるので、買掛金勘定の借方および仕入勘定の貸方に記入します。

11．売掛金を回収したときには、売掛金勘定の貸方に記入します。なお、他社振り出しの約束手形を受け取ったときには、受取手形勘定の借方に記入します。また、他社振り出しの小切手を受け取ったときには、現金勘定の借方に記入します。

12．商品に送料を加えた合計額で販売しているため、売上勘定の貸方にその合計額を記入します。また、代金のうち150,000円については、受け取ったときに前受金勘定の貸方に記入しているため、借方に記入して取り崩し、商品に送料を加えた合計額との差額を受取手形勘定の借方に記入します。なお、送料は現金で支払っているので、発送費勘定の借方と現金勘定の貸方に記入します。

売上：420,000円＋6,000円＝426,000円

受取手形：426,000円－150,000円＝276,000円

【参考】

問題文中に発送費が当社負担と明記されている場合は、以下のとおりとなります。

（問題）

鹿児島株式会社に商品￥420,000を売り渡し、代金は内金￥150,000を差し引き、残額は同社振出の約束手形で受け取った。なお、発送のための諸費用（当社負担）￥6,000は現金で支払った。

（解答）

（前　受　金）	150,000	（売　　上）	420,000
（受 取 手 形）	270,000		
（発　送　費）	6,000	（現　　金）	6,000

13．インプレスト・システム（定額資金前渡制）のもとで小口現金係から小口現金の支払報告を受けた取引です。会計係は支払いの報告を受けたときに費用を計上するとともに、支払額を小口現金勘定の貸方に記入します。

【参考】報告と補給を同時に行った場合

小口現金の支払いの報告を受けて、ただちに小切手を振り出して小口現金を補給したときは、小口現金勘定は使用せずに、直接、当座預金勘定の貸方に記入します。

（通　信　費）	25,000	（当 座 預 金）	29,400
（消 耗 品 費）	3,000		
（雑　　　費）	1,400		

14．商品を仕入れた際に支払った当社負担の運賃などの諸掛り（引取費用）は、仕入原価に

加算します。合わせて掛けとしているので、合計金額を買掛金勘定の貸方に記入します。

15．納付書（領収証書）の税目欄に、法人税と記載されており、また、中間申告に○印が付いていることから、法人税の中間納付に関する取引と判断できます。中間納付では、納付した額を仮払法人税等として借方に記入します。

第２問

⑴　勘定記入（買掛金勘定と買掛金元帳）

総勘定元帳の買掛金勘定と、買掛金元帳から、それぞれの空欄を推定します。

７月中の取引

７月中の取引は以下のとおりです。日付ごとにどちらの取引先と行った取引なのか推定します。

1．７月１日（前月繰越）

買掛金の前月繰越は280,000円なので、東京商店に対する買掛金の前月繰越160,000円を差し引いた金額が千葉商店に対する買掛金の前月繰越となります。

千葉商店（前月繰越）：280,000円－160,000円＝120,000円…①

2．７月６日

（仕　　入）	340,000	（買掛金・東京商店）	340,000

東京商店（７月６日　仕入れ）：340,000円…②

3．７月８日

買掛金勘定の借方③の金額を求めるには、買掛金勘定の貸方合計を使って推定する必要があることから、まず買掛金勘定の貸方合計を求めます。買掛金勘定の貸方④には、７月13日の千葉商店からの仕入金額が入ります。よって、④は220,000円と推定できます。

買掛金勘定の貸方合計：280,000円＋340,000円＋220,000円＝840,000円

買掛金勘定の借方と貸方の合計金額は一致することから、借方合計も840,000円と推定することができます。

買掛金勘定（７月８日　仕入）：840,000円－180,000円－347,000円（東京商店勘定の７月21日の金額より推定）－50,000円－255,000円＝8,000円…③

（買掛金・東京商店）	8,000	（仕　　入）	8,000

4．７月13日

（仕　　入）	220,000	（買掛金・千葉商店）	220,000

買掛金勘定（７月13日　仕入）：220,000円…④

5．７月16日

（買掛金・千葉商店）	180,000	（当 座 預 金）	180,000

6．７月21日

（買掛金・東京商店）	347,000	（普 通 預 金）	347,000

7．7月24日

（買掛金・千葉商店）	50,000	（電子記録債務）	50,000

8．7月31日（次月繰越）

買掛金元帳の貸借差額から、次月繰越を求めます。

買掛金元帳
東京商店

7/8	返品	（8,000）	7/1	（前月繰越）	160,000
21	普通預金払い	347,000	6	仕入れ	（340,000）
31	（次月繰越）	（145,000）			
		（500,000）			（500,000）

買掛金元帳
千葉商店

7/16	当座預金払い	（180,000）	7/1	（前月繰越）	（120,000）
24	電子記録債務へ振替	50,000	13	仕入れ	220,000
31	（次月繰越）	（110,000）			
		（340,000）			（340,000）

東京商店の貸方合計：160,000円＋340,000円＝500,000円
東京商店の次月繰越以外の借方合計：8,000円＋347,000円＝355,000円
東京商店の次月繰越：500,000円－355,000円＝145,000円

千葉商店の貸方合計：120,000円＋220,000円＝340,000円
千葉商店の次月繰越以外の借方合計：180,000円＋50,000円＝230,000円
千葉商店の次月繰越：340,000円－230,000円＝110,000円…⑤

なお、買掛金勘定の空欄にすべて記入すると次のとおりになります。買掛金の次月繰越が255,000円と判明しているので、東京商店に対する買掛金残高と千葉商店に対する買掛金残高の合計が一致することを確認しましょう。

総勘定元帳
買掛金

7/8	仕入	（8,000）	7/1	前月繰越	280,000
16	当座預金	180,000	6	（仕入）	340,000
21	普通預金	（347,000）	13	（仕入）	（220,000）
24	電子記録債務	50,000			
31	（次月繰越）	255,000			
		（840,000）			（840,000）

(2) **補助簿の選択**

各取引について仕訳し、その勘定科目から記入する帳簿を判断します。仕入や売上に関する取引は、商品有高帳に記入することに注意します。

1．購入と売却を同時に行っているのが買換えとなります。

① 売却の仕訳

借方帳簿	借方科目	金額	貸方科目	金額	貸方帳簿
固定資産台帳←	（備品減価償却累計額）	160,000	（備品）	200,000	→固定資産台帳
現金出納帳←	（現金）	50,000	（固定資産売却益）	10,000	

② 購入の仕訳

借方帳簿	借方科目	金額	貸方科目	金額	貸方帳簿
固定資産台帳←	（備品）	180,000	（当座預金）	180,000	→当座預金出納帳

③ 買換えの仕訳（この取引の仕訳）（①＋②）

借方帳簿	借方科目	金額	貸方科目	金額	貸方帳簿
固定資産台帳←	（備品減価償却累計額）	160,000	（備品）	200,000	→固定資産台帳
現金出納帳←	（現金）	50,000	（固定資産売却益）	10,000	
固定資産台帳←	（備品）	180,000	（当座預金）	180,000	→当座預金出納帳

	借方帳簿	借方科目	金額	貸方科目	金額	貸方帳簿
2．	仕入先元帳←	（買掛金）	500,000	（支払手形）	500,000	→支払手形記入帳
		（通信費）	6,000	（現金）	6,000	→現金出納帳
3．	仕入先元帳←	（買掛金）	60,000	（受取手数料）	9,000	
				（現金過不足）	51,000	
4．	現金出納帳←	（現金）	360,000	（売掛金）	360,000	→得意先元帳
5．	売上帳← 商品有高帳←	（売上）	36,000	（売掛金）	36,000	→得意先元帳

第3問

1．訂正仕訳

商品代金の未収額は売掛金勘定、自己振出小切手は当座預金勘定で処理しますが、誤った処理がされているため、これを訂正します。訂正にあたっては、「①誤った仕訳の逆仕訳」と「②正しい仕訳」が必要になります。

① 誤った仕訳の逆仕訳

(未　収　入　金)	250,000	(現　　　　金)	250,000

② 正しい仕訳

(当　座　預　金)	250,000	(売　　掛　　金)	250,000

B/S現　金：136,050,000円－250,000円＝135,800,000円

B/S売掛金：30,130,000円－250,000円＝29,880,000円

2．仮払金および現金過不足の整理

仮払金260,000円のうち225,000円は旅費交通費の支払いであったことが判明したため、旅費交通費として計上し、差額の35,000円は前T/Bの現金過不足勘定と一致することを確認したうえで、現金過不足勘定（貸方残）の減少として借方に記入します。

(旅 費 交 通 費)	225,000	(仮　　払　　金)(＊1)	260,000
(現 金 過 不 足)(＊2)	35,000		

(＊1)　前T/B仮払金の金額

(＊2)　前T/B現金過不足の金額

3．未処理事項

定期預金1,000,000円と利息2,000円が当座預金に振り替えられたことが判明したため、合計額を当座預金勘定の増加として処理します。

(当　座　預　金)	1,002,000	(定　期　預　金)	1,000,000
		(受　取　利　息)	2,000

B/S当座預金：123,023,100円＋250,000円＋1,002,000円＝124,275,100円

B/S定期預金：2,000,000円－1,000,000円＝1,000,000円

4．貸倒引当金の設定

貸倒引当金勘定の残高が、売上債権（受取手形と売掛金）期末残高の２％になるように、差額を補充します。なお、貸倒引当金の設定額は、上記1．訂正仕訳を行ったあとの売掛金勘定の残高により計算します。

(貸倒引当金繰入)(＊)	351,940	(貸 倒 引 当 金)	351,940

(＊)　(前T/B受取手形20,817,000円＋前T/B売掛金30,130,000円－250,000円)×２％＝設定額1,013,940円

1,013,940円－前T/B貸倒引当金662,000円＝繰入額351,940円

B/S貸倒引当金（受取手形）：20,817,000円×２％＝416,340円

B/S貸倒引当金（売掛金）：(30,130,000円－250,000円)×２％＝597,600円

5．売上原価の計算

仕入勘定で売上原価を算定し、繰越商品勘定を期末商品棚卸高にします。

(仕　　　　入)(＊)	9,230,000	(繰　越　商　品)	9,230,000
(繰　越　商　品)	11,325,000	(仕　　　　入)	11,325,000

(＊)　前T/B繰越商品（期首商品棚卸高）

P/L売上原価：9,230,000円＋70,123,000円－11,325,000円＝68,028,000円

6．備品の減価償却

備品について、定額法による減価償却を行います。なお、問題文より備品の減価償却費については、備品の期首の残高を基礎として286,300円を４月から２月までの11か月間に毎月見積り計上してきており、決算月も同様な処理を行うとされているので、そのように処理します。

(減 価 償 却 費)	286,300	(備品減価償却累計額)	286,300

B/S減価償却累計額：前T/B6,584,900円＋286,300円＝6,871,200円

P/L減価償却費：前T/B3,149,300円＋286,300円＝3,435,600円

7．消費税の処理

仮受消費税と仮払消費税とを相殺して未払消費税を計算します。

(仮 受 消 費 税)	16,213,000	(仮 払 消 費 税)	7,012,300
		(未 払 消 費 税)	9,200,700

8．広告宣伝費の未払い

未払分の３月分の広告宣伝費を計上します。

(広 告 宣 伝 費)	450,000	(未　払　費　用)	450,000

P/L広告宣伝費：4,950,000円＋450,000円＝5,400,000円

9．支払家賃の前払い

２月末に２か月分（×9年３月１日～×9年４月30日分）が支払われているため次期の１か月分（×9年４月１日～×9年４月30日分）を前払費用に振り替えます。

(前　払　費　用)(＊)	490,000	(支　払　家　賃)	490,000

(＊)　$980,000円 \times \frac{1か月}{2か月} = 490,000円$

P/L支払家賃：12,250,000円－490,000円＝11,760,000円

10．法人税等の処理

当期の法人税、住民税及び事業税を計上し、相手勘定は未払法人税等として計上します。

(法人税、住民税及び事業税)	26,218,000	(未払法人税等)	26,218,000

11．損益計算書および貸借対照表

決算整理前残高試算表の金額と、仕訳の金額を加減算した修正後の勘定残高を資産・負債・資本（純資産）、および収益・費用に分類します。資産・負債・資本（純資産）は貸借対照表へ、収益・費用は損益計算書へ記入します。

(1) 損益計算書記入上の注意

① 表題下に「会計期間」を表示します。

② 「売上」勘定残高は、「売上高」と表示します。

③ 「仕入」勘定残高は、「売上原価」と表示します。

④ 貸借差額を当期純損益として表示します。

当期純利益：収益合計168,380,000円－費用合計126,857,540円＝41,522,460円

(2) 貸借対照表記入上の注意

① 表題下に「決算日」を表示します。

② 「貸倒引当金」勘定残高は、資産の「受取手形」「売掛金」から個別に控除する形式で表示します。なお、以下のように、売上債権の合計額から一括して控除する方法などもありますので、答案用紙の形式には注意しましょう。

受取手形	20,817,000	
売掛金	29,880,000	
貸倒引当金	△1,013,940	49,683,060

③ 「繰越商品」勘定残高は、「商品」と表示します。

④ 費用の前払額は「前払費用」、収益の前受額は「前受収益」、費用の未払額は「未払費用」、収益の未収額は「未収収益」と表示します。

⑤ 「備品減価償却累計額」勘定残高は、資産の「備品」から控除する形式で表示します。なお、複数の固定資産を所有している場合は、それぞれの固定資産から控除する形式で表示しますが、固定資産の合計額から減価償却累計額の合計額を一括して控除する方法などもあります。

⑥ 「繰越利益剰余金」は当期純利益を加算した金額を表示します。

日商簿記検定試験対策
まるっと完全予想問題集

第3回

解答・解説

出題論点			難易度
第1問	仕訳問題	1普通預金、2仕入/証ひょう、 3所得税の納付、4租税公課、5仕入、 6旅費交通費、7法人税等の納付、8増資、 9修繕費、10電子記録債権、 11クレジット売掛金、12役員貸付金、 13商品券の受け取り、14土地・建物の購入、 15当座借越	A
第2問	⑴勘定記入（法人税等）		A
	⑵正誤問題		A
第3問	精算表		A

〔難易度〕A：普通　B：やや難しい

第３回　解答

第１問（45点）

	借方 記号	借方 金額	貸方 記号	貸方 金額
1	（オ）普通預金	30,000	（エ）現金	30,000
2	（オ）仕入	435,000	（イ）買掛金	435,000
3	（イ）所得税預り金	720,000	（オ）現金	720,000
4	（オ）租税公課	4,000	（ア）現金	4,000
5	（ウ）仕入	740,000	（ア）支払手形	740,000
6	（カ）現金 （ア）旅費交通費	5,000 145,000	（ウ）仮払金	150,000
7	（エ）仮払法人税等	960,000	（カ）普通預金	960,000
8	（ア）普通預金	2,000,000	（オ）資本金	2,000,000
9	（ウ）修繕費	50,000	（イ）現金	50,000
10	（イ）当座預金	120,000	（ウ）電子記録債権	120,000
11	（カ）クレジット売掛金 （ア）支払手数料	392,000 8,000	（イ）売上	400,000
12	（ウ）当座預金	503,000	（エ）役員貸付金 （ア）受取利息	500,000 3,000
13	（オ）受取商品券 （イ）現金	50,000 5,000	（エ）売上	55,000
14	（カ）土地 （ウ）建物	3,090,000 2,575,000	（ア）未払金	5,665,000
15	（ウ）買掛金	400,000	（エ）当座預金	400,000

仕訳一組につき３点を与える。合計45点。

（注）実際の本試験では、記号のみを解答してください。

第２問（20点）

(1)

法人税、住民税及び事業税

（３/31）	［イ（諸　口）］	〈 45,000 〉	（３/31）	［エ（損　益）］	〈 45,000 〉
		〈 45,000 〉			〈 45,000 〉

仮払法人税等

（11/10）	［ア（当座預金）］	〈 24,000 〉	（３/31）	［オ（法人税、住民税及び事業税）］	〈 24,000 〉
		〈 24,000 〉			〈 24,000 〉

未払法人税等

（５/20）	［ア（当座預金）］	〈 48,000 〉	（４/１）	［ケ（前期繰越）］	〈 48,000 〉
（３/31）	［ク（次期繰越）］	〈 21,000 〉	（３/31）	［オ（法人税、住民税及び事業税）］	〈 21,000 〉
		〈 69,000 〉			〈 69,000 〉

（注）実際の本試験では、記号のみを解答してください。

(2)

1	2	3	4
ア	イ	ア	イ

（注）実際の本試験では、記号のみを解答してください。

(1)は、□ １つにつき３点を与える。

(2)は、各２点を与える。合計20点。

第3問（35点）

精　算　表　（単位：円）

勘定科目	試算表 借方	試算表 貸方	修正記入 借方	修正記入 貸方	損益計算書 借方	損益計算書 貸方	貸借対照表 借方	貸借対照表 貸方
現金	96,000			2,400			93,600	
当座預金	87,400			1,800			85,600	
受取手形	9,600						9,600	
売掛金	10,800			2,400			8,400	
繰越商品	27,600		34,800	27,600			34,800	
仮払消費税	25,800			25,800				
仮払法人税等	35,000			35,000				
建物	240,000						240,000	
備品	120,000						120,000	
土地	240,000						240,000	
支払手形		3,240						3,240
買掛金		3,960	1,800					2,160
前受金		2,400	2,400					
仮受消費税		53,100	53,100					
貸倒引当金		240		480				720
建物減価償却累計額		64,800		7,200				72,000
備品減価償却累計額		48,000		21,600				69,600
資本金		300,000						300,000
繰越利益剰余金		178,860						178,860
売上		531,000				531,000		
受取地代		1,800		360		2,160		
仕入	258,000			258,000				
給料	25,200		1,200		26,400			
租税公課	5,000			720	4,280			
保険料	7,000				7,000			
	1,187,400	1,187,400						
売上原価			27,600	34,800	250,800			
			258,000					
雑（損）			2,400		2,400			
貸倒引当金繰入			480		480			
減価償却費			28,800		28,800			
（貯蔵品）			720				720	
（未収）地代			360				360	
（未払）給料				1,200				1,200
（未払）消費税				27,300				27,300
法人税、住民税及び事業税			72,000		72,000			
（未払）法人税等				37,000				37,000
当期純（利益）					141,000			141,000
			483,660	483,660	533,160	533,160	833,080	833,080

［実線枠］1つにつき3点、［点線枠］1つにつき2点を与える。合計35点。

第3回　解説

第1問

1．現金を普通預金口座へ預け入れたときには、現金勘定の貸方に記入するとともに普通預金勘定の借方に記入します。

2．商品を仕入れたときは、仕入勘定の借方に記入します。また、仕入にかかった諸掛り（本問では送料）は仕入勘定に含めるため、納品書兼請求書の合計額を記入することに注意しましょう。なお、代金は掛けとしていることから、買掛金勘定の貸方に合計額を記入します。

3．預かっていた所得税を納付したときには、所得税預り金勘定の借方に記入します。

4．収入印紙を購入したときには、租税公課勘定の借方に記入します。

5．商品を仕入れたときには、仕入勘定の借方に記入します。なお、約束手形を振り出して支払ったときには支払手形勘定の貸方に記入します。

6．出張の際の概算払い額は仮払金勘定の借方に記入します。その後、精算を行ったときに、仮払金勘定の貸方に記入し、借方には確定した勘定科目および金額を記入します。なお、旅費交通費は指定勘定科目より旅費交通費勘定の借方に記入します。

7．法人税、住民税及び事業税を中間申告したときには、仮払法人税等勘定の借方に記入します。

8．会社の設立後に、新たに株式を発行して資金を調達することを増資といいます。株式を発行したときは、原則として払込金額の全額を資本金とします。

資本金：@20,000円×100株＝2,000,000円

9．固定資産の修繕のための費用は、修繕費勘定の借方に記入します。

10．電子記録債権が決済されたときには、電子記録債権勘定の貸方に記入します。

11．商品を販売したときには、売上勘定の貸方に記入します。なお、代金の受け取りにあたりクレジットカードが使われたときには、クレジット売掛金勘定の借方に記入します。また、クレジット手数料は支払手数料勘定の借方に記入します。

支払手数料：400,000円×２％＝8,000円

クレジット売掛金：400,000円－8,000円＝392,000円

12．役員に対して金銭を貸し付けたさいは、役員貸付金勘定の借方に記入しているため、満期になり返済されたときには、貸方に記入します。また、利息は受取利息勘定の貸方に記入します。

$$受取利息：500,000円×0.8\%×\frac{9か月}{12か月}＝3,000円$$

13．共通商品券を受け取ったときには、将来商品の購入に使用したりできる資産の増加として受取商品券勘定の借方に記入します。

14．土地を購入したときには、土地勘定の借方に、建物を購入したときには、建物勘定の借方に記入します。また、買入手数料はそれぞれの取得原価に含めます。なお、代金を後日

支払う場合には、未払金勘定の貸方に記入します。

土地：3,000,000円×（１＋３％）＝3,090,000円

建物：2,500,000円×（１＋３％）＝2,575,000円

15．買掛金を支払ったときには、買掛金勘定の借方に記入します。また、銀行と当座借越契約を結んでおり、当座預金残高を超えて決済することができるため、当座預金の減少として処理します。

第２問

⑴ **勘定記入**

日付順に取引の仕訳を示すと次のとおりです。

① ×3年３月31日　前期末の決算整理仕訳

前期末の決算で確定した法人税、住民税及び事業税の金額を未払法人税等勘定の貸方に記入します。

(法人税、住民税及び事業税)	48,000	(未払法人税等)	48,000

② ×3年５月20日　確定申告と納付

前期末の決算で計上した未払法人税等の金額を納付したので、未払法人税等勘定の借方に記入します。

(未払法人税等)	48,000	(当座預金)	48,000

③ ×3年11月10日　中間納付

中間申告で納付した金額を仮払法人税等勘定の借方に記入します。

(仮払法人税等)	24,000	(当座預金)	24,000

④ ×4年３月31日　決算整理仕訳

決算で確定した法人税、住民税及び事業税の金額について未払法人税等勘定の貸方に記入します。期中に中間納付を行っている場合は、これを差し引いた金額を未払法人税等とします。

(法人税、住民税及び事業税)	45,000	(仮払法人税等)	24,000
		(未払法人税等)(＊)	21,000

（＊）　貸借差額

⑤ ×4年３月31日　損益勘定への振り替え（決算振替仕訳）

法人税、住民税及び事業税勘定の残高を損益勘定の借方に振り替えます。

(損益)	45,000	(法人税、住民税及び事業税)	45,000

⑵ **正誤問題**

さまざまな簿記の処理に関する文章の正誤問題です。

1．仕訳をする際に、現金勘定として扱われるものには、他人振出小切手や送金小切手のほかに普通為替証書（郵便為替証書）がある。

2．３伝票制において、入金取引を起票するための伝票を入金伝票、出金取引を起票するための伝票を出金伝票、また、入金・出金取引以外の取引を起票するための伝票を振替伝票という。

3．資本金は、決算整理後の残高試算表の借方に存在することがない勘定科目である。

4．当期純損失が生じたときは、損益勘定を繰越利益剰余金勘定の借方に振り替える。

第３問

期末整理事項等の仕訳を示します。

1．商品販売時に前受金を取り崩すべきところを、全額掛け取引として処理していたので、前受金と売掛金を相殺し訂正します。

(前受金)	2,400	(売掛金)	2,400

2．当座預金と買掛金の減少として処理します。

(買掛金)	1,800	(当座預金)	1,800

3．実際有高93,600円と帳簿残高96,000円の差額である2,400円を現金の減少（原因：雑損）として処理します。

(雑損)	2,400	(現金)	2,400

4．売上原価勘定で売上原価を計算します。

(売上原価)	27,600	(繰越商品)	27,600
(繰越商品)	34,800	(売上原価)	34,800
(売上原価)(＊)	258,000	(仕入)	258,000

（＊）　試算表の仕入勘定残高

5．貸倒引当金勘定の残高が売上債権（受取手形と売掛金）期末残高の４％になるように、差額を補充します。

(貸倒引当金繰入)(＊)	480	(貸倒引当金)	480

（＊）　貸倒引当金の当期設定額：(9,600円＋10,800円－2,400円)×４％＝　720円

（9,600円：受取手形、10,800円：売掛金、2,400円：上記1.）

貸倒引当金の整理前残高：　△240円

差引　貸倒引当金繰入額：　480円

6．期中取得した備品24,000円の減価償却費は月割計算で６か月分（×2年10月１日～×3年３月31日）を計上します。

(減価償却費)	28,800	(建物減価償却累計額)(＊1)	7,200
		(備品減価償却累計額)(＊2)	21,600

（＊1）　建　　物：240,000円×0.9÷30年＝7,200円

（＊2）　備　　品：96,000円÷５年＝19,200円（既存分）

$24{,}000円 \div 5年 \times \frac{6か月}{12か月} = 2{,}400円$（当期取得分）

19,200円＋2,400円＝21,600円

7．消費税の処理

仮受消費税と仮払消費税とを相殺して未払消費税を計算します。

(仮受消費税)	53,100	(仮払消費税)	25,800
		(未払消費税)(＊)	27,300

（＊） 貸借差額

8．収入印紙の使用分は租税公課（費用）として計上します。問題文の内容から、購入時に全額を租税公課に計上しているため未使用分720円を租税公課から控除し、貯蔵品（資産）へ振り替えます。

(貯蔵品)	720	(租税公課)	720

9．受取地代勘定の残高1,800円は、前期の未収地代２か月分（×2年２月１日～３月31日）の再振替分と当期（×3年１月31日）に受け取った12か月分（×2年２月１日～×3年１月31日）との差、すなわち10か月分です。これにより、当期の２か月分（×3年２月１日～３月31日）を未収地代（資産）として計上します。

(未収地代)(＊)	360	(受取地代)	360

（＊） $1{,}800円 \times \frac{2か月}{10か月} = 360円$

10．従業員に対する給料の経過分1,200円を未払給料（負債）として計上します。

(給料)	1,200	(未払給料)	1,200

11．法人税等の処理

当期の法人税等の確定額を法人税、住民税及び事業税として計上します。期中に仮払法人税等が計上されている場合には、これを取り崩し、残額を未払法人税等として計上します。

(法人税、住民税及び事業税)	72,000	(仮払法人税等)	35,000
		(未払法人税等)(＊)	37,000

（＊） 貸借差額

以上の仕訳の金額を修正記入欄に記入し、その金額を試算表欄の金額に加減算した結果(残高）を、損益計算書欄または貸借対照表欄へ移記します。損益計算書欄・貸借対照表欄それぞれの貸借差額を当期純（利益）として記入し各欄の合計金額を一致させます。

日商簿記検定試験対策
まるっと完全予想問題集
第4回
解答・解説

出題論点			難易度
第1問	仕訳問題	1仕入/諸掛り、2普通預金、3売上/証ひょう、 4手形借入金、5損益振替、6支払地代、 7小口現金、8前受金、9水道光熱費、 10固定資産の改良・修繕、11電子記録債権、 12敷金、13売掛金の回収/貸倒れ、 14備品・消耗品の購入、 15消費税の納付/証ひょう	A
第2問	⑴商品有高帳・勘定記入		B
	⑵仕訳日計表		A
第3問	決算整理後残高試算表		A

〔難易度〕A：普通　B：やや難しい

第４回　解答

第１問（45点）

	借方 記号	借方 金額	貸方 記号	貸方 金額
1	(エ) 仕入	720,000	(オ) 買掛金 (イ) 現金	700,000 20,000
2	(ウ) 普通預金	800,000	(エ) 当座預金	800,000
3	(ウ) 売掛金	75,460	(ア) 売上 (エ) 仮受消費税	68,600 6,860
4	(ウ) 当座預金	500,000	(オ) 手形借入金	500,000
5	(エ) 損益	900,000	(ウ) 仕入	900,000
6	(カ) 支払地代	150,000	(イ) 現金	150,000
7	(エ) 通信費 (オ) 旅費交通費 (ア) 消耗品費	4,000 20,000 3,000	(カ) 当座預金	27,000
8	(カ) 現金	40,000	(ウ) 前受金	40,000
9	(カ) 水道光熱費 (ア) 支払手数料	60,000 200	(ウ) 普通預金	60,200
10	(ア) 建物 (オ) 修繕費	600,000 2,400,000	(ウ) 未払金	3,000,000
11	(オ) 普通預金	300,000	(ア) 電子記録債権	300,000
12	(イ) 普通預金	260,000	(カ) 差入保証金	260,000
13	(カ) 現金 (オ) 貸倒引当金	75,000 240,000	(ウ) 売掛金	315,000
14	(オ) 備品 (エ) 消耗品費	850,000 2,000	(ア) 未払金	852,000
15	(エ) 未払消費税	350,000	(ウ) 普通預金	350,000

仕訳一組につき３点を与える。合計45点。

（注）実際の本試験では、記号のみを解答してください。

第２問（20点）

(1)

繰越商品

4/1	前期繰越	(1,440)	4/30	仕入	(1,440)
30	仕入	(792)	〃	次期繰越	(792)
		(2,232)			(2,232)

仕入

4/5	買掛金	(960)	4/30	繰越商品	(792)
21	買掛金	(2,160)	〃	損益	(3,768)
30	繰越商品	(1,440)			
		(4,560)			(4,560)

売上

4/30	損益	(5,652)	4/7	売掛金	(900)
			22	売掛金	(4,752)
		(5,652)			(5,652)

売上原価	売上総利益
¥ 3,696	¥ 1,956

(2)

得意先元帳

千葉株式会社　　得１

×8年		摘要	仕丁	借方	×8年		摘要	仕丁	貸方
9	1	前月繰越	✓	150,000	9	1	入金伝票	111	60,000
	〃	振替伝票	332	200,000					

仕訳日計表

×8年9月1日　　110

借方	元丁	勘定科目	元丁	貸方
95,000	1	現金	1	126,300
200,000		売掛金		60,000
		支払手形		99,000
30,000		買掛金		120,000
		売上		235,000
310,000		仕入		
5,300		通信費		
640,300				640,300

総勘定元帳

現金　　1

×8年		摘要	仕丁	借方	×8年		摘要	仕丁	貸方
9	1	前月繰越	✓	55,000	9	1	仕訳日計表	110	126,300
	〃	仕訳日計表	110	95,000					

(1)は、[ ] 1つにつき各1点、[ ] 1つにつき各2点、売上原価は2点、売上総利益は3点を与える。

(2)は、[ ] 1つにつき2点を与える。合計20点。

第3問（35点）

決算整理後残高試算表

×8年3月31日　　（単位：円）

借方	勘定科目	貸方
44,800	現金	
279,200	当座預金	
60,800	受取手形	
107,200	売掛金	
30,400	繰越商品	
800	貯蔵品	
4,000	（前払）保険料	
3,200	（未収）利息	
320,000	貸付金	
1,440,000	建物	
360,000	備品	
1,088,000	土地	
	支払手形	59,200
	買掛金	87,200
	前受金	35,200
	貸倒引当金	6,720
	建物減価償却累計額	432,000
	備品減価償却累計額	138,000
	未払消費税	50,800
	未払法人税等	91,000
	資本金	2,000,000
	繰越利益剰余金	670,000
	売上	1,028,000
	受取利息	3,200
522,400	仕入	
134,400	給料	
85,200	減価償却費	
5,120	貸倒引当金繰入	
11,200	通信費	
4,000	租税公課	
8,800	保険料	
800	雑損	
91,000	法人税、住民税及び事業税	
4,601,320		4,601,320

[ ] 1つにつき3点、[ ] 1つにつき2点を与える。合計35点。

第4回　解説

第1問

1．商品を仕入れたときには、仕入勘定の借方に記入します。また、引取費用などの仕入諸掛りは仕入原価に含めます。なお、代金を掛けとしたときには、買掛金勘定の貸方に記入します。

仕入：700,000円＋20,000円＝720,000円

2．当座預金勘定から普通預金勘定の借方へ振り替えます。

3．請求書に記載されている各品目の合計金額を売上勘定で処理します。また、税抜方式による消費税の処理は､売上に係る消費税を仮受消費税勘定の増加で処理します。本問では、代金を掛けとする指示があるため、合計金額を売掛金勘定の借方に記入します。

4．借り入れのさいに､約束手形を振り出したときには手形借入金勘定の貸方に記入します。

5．費用勘定の決算整理後の残高は、損益勘定の借方へ振り替えます。

6．土地を借りたさいの賃借料は支払地代勘定の借方に記入します。

7．インプレスト・システム（定額資金前渡制）のもとで小口現金係から小口現金の支払報告を受けた取引です。会計係は支払いの報告を受けたときに費用の計上をします。なお、本問は小口現金の支払いの報告を受けて、ただちに小切手を振り出して小口現金を補給しているため、小口現金勘定を使用せずに、直接、当座預金勘定の貸方に記入します。

8．商品の販売にあたり、手付金を受け取ったときには、前受金勘定の貸方に記入します。

9．水道光熱費を支払ったときには、水道光熱費勘定の借方に記入します。また、銀行への振込手数料は支払手数料勘定の借方に記入します。

10．固定資産の改良・修繕にともなう支出額のうち、固定資産の価値を高める支出額（資本的支出）については、固定資産の増加として、建物勘定の借方に記入します。一方、修繕により現状を維持するための支出額（収益的支出）については、修繕費勘定の借方に記入します。また、商品以外の物品を購入し、代金を後日支払うときは、未払金勘定の貸方に記入します。

11．電子記録債権が決済されたときには、電子記録債権勘定の貸方に記入します。

12．敷金の返却を受けたときには、差入保証金勘定の貸方に記入します。

13．売掛金について現金を回収したときには、売掛金勘定から現金勘定の借方へ振り替えます。なお、前期の売掛金の一部が貸し倒れているため、貸倒引当金を取り崩します。

貸倒引当金：315,000円－75,000円＝240,000円

14．コピー機を購入したときには、備品勘定の借方に記入します。また、コピー用紙を購入したときには、消耗品費勘定の借方に記入します。なお、商品以外の代金を後日支払うときには、未払金勘定の貸方に記入します。

15．確定申告により消費税を納付したときには、決算時に計上した未払消費税を取り崩します（借方に記入します）。

第2問

(1)　商品有高帳の記入

1．移動平均法による商品有高帳の記入

商品有高帳は在庫を管理するための補助元帳であり、商品の増減をすべて原価で記入しています。したがって、受入高欄には仕入金額が、払出高欄には売価ではなく売上原価が記録されています。

商　品　有　高　帳

移動平均法　　　　A　品　　　　（数量単位：個、金額単位：円）

×年		摘　要	受入高			払出高			残高		
			数量	単価	金額	数量	単価	金額	数量	単価	金額
4	1	前期繰越	36	40	1,440				36	40	1,440
	5	仕　入	24	40	960				60	40	2,400
	7	売　上				15	40	600	45	40	1,800
	21	仕　入	45	48	2,160				90	44	3,960
	22	売　上				72	44	3,168	18	44	792
	30	次期繰越				18	44	792			
			105		4,560	105		4,560			
5	1	前期繰越	18	44	792				18	44	792

移動平均法の場合、単価の異なる商品を仕入れた時点で平均単価を計算し、それを払出単価とします。

期首（4月1日）前期繰越　36個（@40円）1,440円…期首商品棚卸高
期中（4月5日）仕　入　24個（@40円）　960円…残高60個（@40円）
（4月7日）売　上　15個　…残高45個（@40円）
（4月21日）仕　入　45個（@48円）2,160円
ここで移動平均法により平均単価算定　…残高90個（@44円*）

$$* \quad \frac{1{,}800円+2{,}160円}{45個+45個}=@44円$$

（4月22日）売　上　72個　…残高18個（@44円）
期末（4月30日）決算整理　18個（@44円）　792円…期末商品棚卸高

2．仕訳・勘定記入（三分法）

(1)　仕訳

4/5	（仕　　入）	960	（買　掛　金）	960
7	（売　掛　金）	900	（売　　上）(*)	900

（*）　@60円×15個＝900円
売価

21	(仕　　入)	2,160	(買　掛　金)	2,160
22	(売　掛　金)	4,752	(売　　上)(＊)	4,752

(＊)　@66円 × 72個 = 4,752円
　　　売価

30	(仕　　入)	1,440	(繰　越　商　品)	1,440
	(繰　越　商　品)	792	(仕　　入)	792

商品有高帳より期首商品は4／1の前期繰越1,440円、期末商品は4／30の次期繰越792円です。

30	(売　　上)	5,652	(損　　益)	5,652
	(損　　益)	3,768	(仕　　入)	3,768

決算整理後の売上勘定の残高と仕入勘定の残高（売上原価）を損益勘定へ振り替えます。

(2)　勘定記入

繰越商品

4/1 前期繰越	(1,440)	4/30 仕　入	(1,440)
30 仕　入	(792)	〃 次期繰越	(792)
	(2,232)		(2,232)

仕　入

4/5 買掛金	(960)	4/30 繰越商品	(792)
21 買掛金	(2,160)	〃 損　益	(3,768)
30 繰越商品	(1,440)		
	(4,560)		(4,560)

売　上

4/30 損　益	(5,652)	4/7 売掛金	(900)
		22 売掛金	(4,752)
	(5,652)		(5,652)

3．先入先出法による4月の売上原価と売上総利益の計算

(1)　先入先出法

先入先出法は、先に仕入れた古い商品から順番に販売（払い出し）されると仮定して、払出単価を計算する方法です。

商品有高帳

先入先出法　　　A　品　　　（数量単位：個、金額単位：円）

×年		摘要	受入高 数量	受入高 単価	受入高 金額	払出高 数量	払出高 単価	払出高 金額	残高 数量	残高 単価	残高 金額
4	1	前期繰越	36	40	1,440				36	40	1,440
	5	仕　入	24	40	960				60	40	2,400
	7	売　上				15	40	600	45	40	1,800
	21	仕　入	45	48	2,160				{ 45	40	1,800
									{ 45	48	2,160
	22	売　上				{ 45	40	1,800			
						{ 27	48	1,296	18	48	864
	30	次期繰越				18	48	864			
			105		4,560	105		4,560			
5	1	前期繰越	18	48	864				18	48	864

(2)　売上高の計算

勘定記入の売上勘定の貸方合計5,652円が4月の売上高になります。

(3)　売上原価の計算

商品有高帳の払出高欄の合計（次期繰越高を除く）が4月の売上原価になります。

4月の売上原価：600円（7日）+ 1,800円 + 1,296円（22日）= 3,696円

または期首1,440円 + 当期仕入(960円 + 2,160円) − 期末864円 = 3,696円

(4)　売上総利益の計算

4月の売上総利益：5,652円（売上高）− 3,696円（売上原価）= 1,956円

(2)　**伝票**

1．得意先元帳への記入

得意先元帳の記入は、各々の伝票から記入していきます。これを「個別転記」といいます。得意先元帳の摘要欄には転記元の伝票名を、仕丁欄にはその伝票番号を記入します。

2．伝票の仕訳（9月1日の取引の仕訳）

①　入金伝票

入金伝票には、借方の勘定科目がすべて現金となる取引を記入します。

No.111	(現　　金)	60,000	(売掛金・千葉)	60,000
No.112	(現　　金)	35,000	(売　　上)	35,000

② 出金伝票

出金伝票には、貸方の勘定科目がすべて現金となる取引を記入します。

№221	(買掛金・東京)	30,000	(現　　金)	30,000
№222	(通　信　費)	5,300	(現　　金)	5,300
№223	(仕　　入)	91,000	(現　　金)	91,000

③ 振替伝票

振替伝票には、現金の増減とならない取引を記入します。

№331	(仕　　入)	120,000	(買掛金・東京)	120,000
№332	(売掛金・千葉)	200,000	(売　　上)	200,000
№333	(仕　　入)	99,000	(支払手形)	99,000

3．仕訳日計表の集計

仕訳日計表は、各伝票に記入された１日分の取引金額を勘定科目別に集計するものです。上記のように仕訳をきってから集計するとミスが防げるでしょう。上記の仕訳をもとに、合計試算表をつくる要領で仕訳日計表に集計します。なお、仕訳日計表の元丁欄には、転記済みの印として転記先の総勘定元帳の勘定の口座番号を記入します。

4．総勘定元帳への記入

総勘定元帳には、各勘定科目ごと（本問の場合には現金勘定）に、仕訳日計表から１日の取引の合計金額で転記します。これを「合計転記」といいます。総勘定元帳の摘要欄には、転記元がわかるように仕訳日計表と記入し、仕丁欄にはその番号（ページ数）を記入します。

第3問

本問における決算日に判明した事項および決算整理事項の仕訳は次のとおりです。

1．決算日に判明した事項

(1) 現金過不足の整理

現金過不足の借方残高2,400円のうち1,600円は通信費の記帳漏れと判明したため通信費（費用）の増加として処理します。なお、原因の判明しなかった800円（＝2,400円－1,600円）の借方残高（不足額）については、雑損（費用）の増加として処理します。

(通　信　費)	1,600	(現金過不足)	2,400
(雑　　損)(＊)	800		

(＊) 貸借差額

(2) 訂正仕訳

誤った仕訳の貸借逆仕訳を行い誤った仕訳を取り消し、そのあと正しい仕訳をします。

① 誤った仕訳

(現　　金)	16,000	(売　掛　金)	16,000

② 誤った仕訳の貸借逆仕訳

(売　掛　金)	16,000	~~(現　　金)~~	~~16,000~~

③ 正しい仕訳

~~(現　　金)~~	~~16,000~~	(前　受　金)	16,000

④ 訂正仕訳（②と③の仕訳を相殺）

誤った箇所のみを部分的に修正するために、②と③の仕訳のうち同一勘定科目を相殺します。

(売　掛　金)	16,000	(前　受　金)	16,000

(3) 仮払金の判明

仮払金勘定は、全額備品勘定に振り替えます。

(備　　品)	200,000	(仮　払　金)	200,000

2．決算整理事項

(1) 売上原価の算定

期首商品棚卸高を繰越商品勘定から仕入勘定に振り替えます。また、期末商品棚卸高を、仕入勘定から繰越商品勘定へ振り替えます。

(仕　　入)(＊1)	32,800	(繰越商品)	32,800
(繰越商品)(＊2)	30,400	(仕　　入)	30,400

(＊1) 期首商品棚卸高（前T/B繰越商品）

(＊2) 期末商品棚卸高（決算整理事項(1)より）

(2) 貸倒引当金の設定

決算日に判明した事項により、売掛金残高が増加していることを考慮したうえで貸倒引当金を設定します。

(貸倒引当金繰入)(＊)	5,120	(貸倒引当金)	5,120

(＊) 貸倒引当金見積額：(60,800円＋91,200円＋16,000円)×４％＝6,720円
（60,800円：受取手形、91,200円＋16,000円：売掛金）

貸倒引当金残高：1,600円

繰　入　額：<u>5,120円</u>

(3) 固定資産の減価償却

建物と備品の減価償却費を算定します。期中に取得した備品については月割りで減価償却費を計上します。

(減価償却費)	85,200	(建物減価償却累計額)(＊1)	43,200
		(備品減価償却累計額)(＊2)	42,000

(＊1) 建物：1,440,000円×0.9÷30年＝43,200円

(＊2) 備品（既存）：160,000円÷５年＝32,000円
備品（新規）：200,000円÷５年×$\frac{3か月}{12か月}$＝10,000円
（合計）42,000円

(4) 租税公課

期中に租税公課として処理した収入印紙のうち期末未使用高については、貯蔵品（資産）へ振り替えます。

(貯　蔵　品)	800	(租 税 公 課)	800

(5) 費用の前払い

保険料のうち9,600円について、支払日から決算日までの７か月分（×7年９月１日から×8年３月31日）は当期の費用として計上しますが、５か月分（×8年４月１日から×8年８月31日）は翌期の費用となるため、保険料（費用）から差し引くとともに前払保険料（資産）として計上します。

(前払保険料)(＊)	4,000	(保　険　料)	4,000

(＊)　$9{,}600円 \times \frac{5か月}{12か月} = 4{,}000円$

(6) 収益の未収

貸付金の利息を受け取るのは返済日（×8年５月31日）であるため、貸付日から決算日までの10か月分（×7年６月１日から×8年３月31日）の利息が未収になっています。そこで、10か月分の受取利息（収益）と未収利息（資産）を計上します。

(未 収 利 息)(＊)	3,200	(受 取 利 息)	3,200

(＊)　$320{,}000円 \times 1.2\% \times \frac{10か月}{12か月} = 3{,}200円$

(7) 消費税の処理

仮受消費税と仮払消費税とを相殺して未払消費税を計算します。

(仮 受 消 費 税)	102,800	(仮 払 消 費 税)	52,000
		(未 払 消 費 税)(＊)	50,800

(＊)　貸借差額

(8) 法人税等の処理

当期の法人税、住民税及び事業税を計上し、相手勘定は未払法人税等として計上します。

(法人税、住民税及び事業税)	91,000	(未払法人税等)	91,000

以上の仕訳の金額を、決算整理前残高試算表の金額に加減算した残高を、答案用紙の決算整理後残高試算表へ移記します。

日商簿記検定試験対策
まるっと完全予想問題集

第５回

解答・解説

出題論点			難易度
第１問	仕訳問題	１土地の購入、２従業員貸付金、 ３商品券の受け取り、４定期預金、 ５備品の売却、６買掛金の決済、 ７敷金/家賃/仲介手数料、８貸倒れ、 ９貸付金の返還、10再振替仕訳、 11手形借入金、12増資、13訂正仕訳、 14備品の購入	A
		15売掛金の回収/証ひょう	B
第２問	(1)固定資産台帳・勘定記入		A
	(2)空欄補充問題		A
第３問	精算表		A

〔難易度〕**A**：普通　**B**：やや難しい

第5回　解答

第1問（45点）

	借方		貸方	
	記号	金額	記号	金額
1	（ア）土地	2,500,000	（カ）未払金	2,500,000
2	（オ）従業員貸付金	1,000,000	（ウ）普通預金	1,000,000
3	（オ）受取商品券 （ウ）売掛金	150,000 50,000	（イ）売上	200,000
4	（イ）普通預金	80,800	（ウ）定期預金 （オ）受取利息	80,000 800
5	（エ）未収入金 （イ）備品減価償却累計額 （ア）減価償却費 （カ）固定資産売却損	125,000 1,200,000 60,000 55,000	（ウ）備品	1,440,000
6	（ウ）買掛金 （オ）支払手数料	350,000 400	（イ）普通預金	350,400
7	（ア）差入保証金 （カ）支払家賃 （オ）支払手数料	135,000 180,000 90,000	（イ）普通預金	405,000
8	（オ）貸倒引当金 （ウ）貸倒損失	180,000 270,000	（エ）売掛金	450,000
9	（ウ）当座預金	1,025,000	（イ）貸付金 （エ）受取利息	1,000,000 25,000
10	（オ）未払家賃	75,000	（イ）支払家賃	75,000
11	（イ）手形借入金 （オ）支払利息	7,000,000 350,000	（ア）当座預金	7,350,000
12	（カ）当座預金	245,000	（エ）資本金	245,000
13	（イ）買掛金	400,000	（ウ）支払手形	400,000
14	（カ）備品	1,550,000	（イ）当座預金 （エ）未払金	300,000 1,250,000
15	（オ）普通預金	907,000	（ウ）売掛金	907,000

仕訳一組につき3点を与える。合計45点。

（注）実際の本試験では、記号のみを解答してください。

第2問（20点）

(1)

備品

x8年4/1	前期繰越	〈3,140,000〉	x9年3/31	次期繰越	〈6,788,000〉
x8年10/2	［ウ（普通預金）］	〈3,648,000〉			
		〈6,788,000〉			〈6,788,000〉
x9年4/1	前期繰越	〈6,788,000〉			

減価償却累計額

x9年3/31	［オ（次期繰越）］	〈2,498,000〉	x8年4/1	［エ（前期繰越）］	〈1,486,000〉
			x9年3/31	［キ（減価償却費）］	〈1,012,000〉
		〈2,498,000〉			〈2,498,000〉
			x9年4/1	［エ（前期繰越）］	〈2,498,000〉

減価償却費

x9年3/31	［イ（減価償却累計額）］	〈1,012,000〉	x9年3/31	［カ（損益）］	〈1,012,000〉

(2)

①	②	③	④
4,000	600	ウ（当期純利益）	ア（期末純資産）

（注）実際の本試験では、記号のみを解答してください。

(1)は、□ 1つにつき2点を与える。

(2)は、各2点を与える。合計20点。

第3問（35点）

問1

精　　算　　表　　（単位：円）

勘定科目	試算表 借方	試算表 貸方	修正記入 借方	修正記入 貸方	損益計算書 借方	損益計算書 貸方	貸借対照表 借方	貸借対照表 貸方
現金	27,000		3,000				30,000	
当座預金	391,000		64,000				455,000	
受取手形	400,000						400,000	
売掛金	564,000			64,000			500,000	
仮払金	5,000			5,000				
仮払消費税	282,000			282,000				
繰越商品	123,000		132,000	123,000			132,000	
未収入金	353,000		380,000				733,000	
土地	350,000			350,000				
建物	1,800,000						1,800,000	
支払手形		275,000						275,000
買掛金		207,000						207,000
社会保険料預り金		2,500	2,500					
借入金		450,000						450,000
未払金		170,000						170,000
仮受消費税		409,500	409,500					
貸倒引当金		25,000		11,000				36,000
減価償却累計額		144,000		72,000				216,000
資本金		1,000,000						1,000,000
繰越利益剰余金		509,000						509,000
売上		4,095,000				4,095,000		
受取手数料		60,000				60,000		
受取家賃		600,000	200,000			400,000		
仕入	2,820,000		123,000	132,000	2,811,000			
給料	546,500				546,500			
法定福利費	27,500		2,500		30,000			
支払地代	240,000				240,000			
雑費	13,500				13,500			
支払利息	4,500		3,000		7,500			
	7,947,000	7,947,000						
固定資産売却（益）				30,000		30,000		
雑（益）				3,000		3,000		
貸倒引当金繰入			11,000		11,000			
減価償却費			72,000		72,000			
（未払）利息				3,000				3,000
（前受）家賃				200,000				200,000
（未払）消費税				127,500				127,500
法人税、住民税及び事業税			261,000		261,000			
（未払）法人税等				261,000				261,000
当期純（利益）					595,500			595,500
			1,663,500	1,663,500	4,588,000	4,588,000	4,050,000	4,050,000

問2

決算整理後の建物の帳簿価額	¥　1,584,000

［実線枠］1つにつき3点、［点線枠］1つにつき2点を与える。合計35点。

（注）雑（益）は雑（収入）でもよい。

第5回　解説

第1問

1．土地の取得にともなって生じた付随費用（本問では整地費用2,500,000円）は、土地の取得原価に含めます。したがって、整地費用については、土地勘定の借方に記入します。

2．会社が従業員に対して金銭を貸し付けたときは、従業員貸付金勘定の借方に記入します。また、普通預金口座から振り込んでいるので、普通預金勘定の貸方に記入します。

3．他社（または業界団体）発行の商品券を受け取った場合は、将来商品の購入に使用したりできる資産の増加として受取商品券勘定の借方に記入します。

4．定期預金が満期となったため、定期預金勘定の貸方に記入します。また、利息については受取利息勘定の貸方に記入します。なお、元金と利息は、普通預金口座へ振り替えられているので、元金と利息の合計額を普通預金勘定の借方に記入します。

受取利息：80,000円×１％＝800円

5．固定資産を売却したときは、売却価額と帳簿価額の差額である固定資産売却損益を計上します。固定資産の帳簿価額は、取得原価から固定資産を使用した期間に対応する減価償却額（前期末までの減価償却累計額と当期首から売却日までの減価償却費の合計）を控除した金額です。

なお、間接法により記帳しているため、売却した備品の取得原価を備品勘定の貸方に記入するとともに、前期末までの減価償却累計額を備品減価償却累計額勘定の借方に、当期の減価償却費を減価償却費勘定の借方に記入します。

期首の減価償却累計額（×2年４月１日～×7年３月31日）：1,440,000円÷６年×５年
＝1,200,000円

当期分の減価償却費（×7年４月１日～×7年６月30日）：1,440,000円÷６年×$\frac{3か月}{12か月}$
＝60,000円

売却時点の帳簿価額：1,440,000円〈取得原価〉－1,200,000円－60,000円＝180,000円

固定資産売却損益：125,000円〈売却価額〉－180,000円〈帳簿価額〉＝△55,000円〈売却損〉

また、備品の売却代金など、商品以外の代金を後日受け取る権利は未収入金勘定の借方に記入します。

6．買掛金を支払ったときは、支払義務が消滅するため、買掛金勘定の借方に記入するとともに、使用した普通預金口座の残高が減るため、普通預金勘定の貸方に記入します。

また、振り込む際にかかる、当社負担の手数料は、支払手数料勘定で処理します。

7．賃借契約に伴って生じる費用のうち、敷金は差入保証金勘定、家賃は支払家賃勘定、仲介手数料は支払手数料勘定で処理します。

8．前期に発生した売掛金が貸し倒れたときには、売掛金勘定の貸方に記入するとともに、貸倒引当金を取り崩すため、貸倒引当金勘定の借方に記入します。なお、貸倒引当金の残高を超える分と当期に発生した売掛金の貸し倒れ分については貸倒損失勘定の借方に記入

します。

9．金銭を貸し付け、借用証書を受け取った場合には、貸付金勘定の借方に記入します。したがって、返済を受けたときは、債権の減少として貸付金勘定の貸方に記入します。また、本問では回収時に10か月分の利息を受け取っている（元利一括返済）ので、収益として受取利息勘定の貸方に記入します。

受取利息：1,000,000円×３％×$\frac{10か月}{12か月}$＝25,000円

10．再振替仕訳とは、前期の決算で行った経過勘定項目等に関する決算整理仕訳を、翌期首に逆仕訳して、もとの勘定科目に戻すための仕訳です。

前期の決算整理：	（支　払　家　賃）	75,000	（未　払　家　賃）	75,000
本　問　の　解　答：	（未　払　家　賃）	75,000	（支　払　家　賃）	75,000

11．手形を振り出して金銭を借り入れると、後で返さなくてはならない義務が生じます。このような義務は手形借入金勘定の貸方に記入します。したがって、返済したときは義務が消滅するため、手形借入金勘定の借方に記入します。また、利息の支払いは費用の発生として支払利息勘定の借方に記入します。

支払利息：7,000,000円×６％×$\frac{10か月}{12か月}$＝350,000円

12．会社の設立後に、新たに株式を発行して資金を調達することを増資といいます。株式を発行したときは、原則として払込金額の全額を資本金とします。

資本金：@700円×350株＝245,000円

13．本来は買掛金勘定の借方と支払手形勘定の貸方に記入が必要なため、訂正します。訂正するための仕訳は①誤った仕訳の貸借逆仕訳と②正しい仕訳から導きます。

①誤った仕訳の貸借逆仕訳：	（買　掛　金）	200,000	（支　払　手　形）	200,000
②正　し　い　仕　訳：	（買　掛　金）	200,000	（支　払　手　形）	200,000
①と②を合算した仕訳：	（買　掛　金）	400,000	（支　払　手　形）	400,000

※　買掛金と支払手形をそれぞれ加算します。

14．「業務で使用する」とは、販売用（棚卸資産）ではないことを意味します。したがって固定資産として計上します。固定資産の購入に伴って生じた付随費用は、固定資産の購入代価に加えて取得原価に算入します。

15．商品を売り上げた際に、請求書の合計金額で売掛金を借方に計上しています。よって、振り込まれたときには、請求書の合計金額で売掛金勘定の貸方に記入します。振込先を普通預金口座としていることを証ひょうから読み取り、普通預金勘定の借方に記入します。

第2問

(1)　勘定記入（固定資産）

本問で示された固定資産台帳は、当期末の決算時（×9年３月31日）に作成したもので、期末に所有する備品の種類ごとに取得原価や減価償却費等の内訳明細を示します。

1．取得原価
　取得時に計上した購入代価と付随費用の合計で、前期以前に取得したものは「期首取得原価」、当期中に取得したものは「(期中取得) 取得原価」で計上されています。
2．期首減価償却累計額
　当期首時点の減価償却累計額で、取得日から当期首までの減価償却費の総額です。当期中に取得したものは、減価償却が行われていないためゼロです。
3．当期減価償却費
　当期の決算で計上した減価償却費の金額です。当期中に取得したものは、月割計算で取得日から決算日までの金額を計上します。
4．備品勘定・減価償却累計額勘定
　備品勘定・減価償却累計額勘定の各金額は以下のとおりです。

① 備品勘定の金額

×8年4/1 前期繰越：Aの期首取得原価＋Bの期首取得原価
2,160,000円＋980,000円＝3,140,000円

×8年10/2 普通預金：Cの期中取得原価3,648,000円

×9年3/31 次期繰越：Aの期首取得原価＋Bの期首取得原価＋Cの期中取得原価
2,160,000円＋980,000円＋3,648,000円＝6,788,000円

② 減価償却累計額勘定の金額
Bの期首減価償却累計額が「？」となっているため、計算して求めます。

×7年4月1日～×8年3月31日におけるBの減価償却費：980,000円÷5年＝196,000円
（Bの期首減価償却累計額）

×8年4/1 前期繰越：Aの期首減価償却累計額＋Bの期首減価償却累計額
1,290,000円＋196,000円＝1,486,000円

×9年3/31 減価償却費：Aの当期減価償却費＋Bの当期減価償却費＋Cの当期減価償却費
360,000円＋196,000円＋456,000円＝1,012,000円

次期繰越：前期繰越＋減価償却費
1,486,000円＋1,012,000円＝2,498,000円

(2)

問1　損益法と財産法（計算）

当期純利益：7,000千円〈収益〉－6,400千円〈費用〉＝600千円…②

期末純資産－期首純資産＝当期純利益　より

2,600千円－期首純資産＝600千円

∴　期首純資産＝2,000千円

期首負債：6,000千円〈期首資産〉－2,000千円〈期首純資産〉＝4,000千円…①

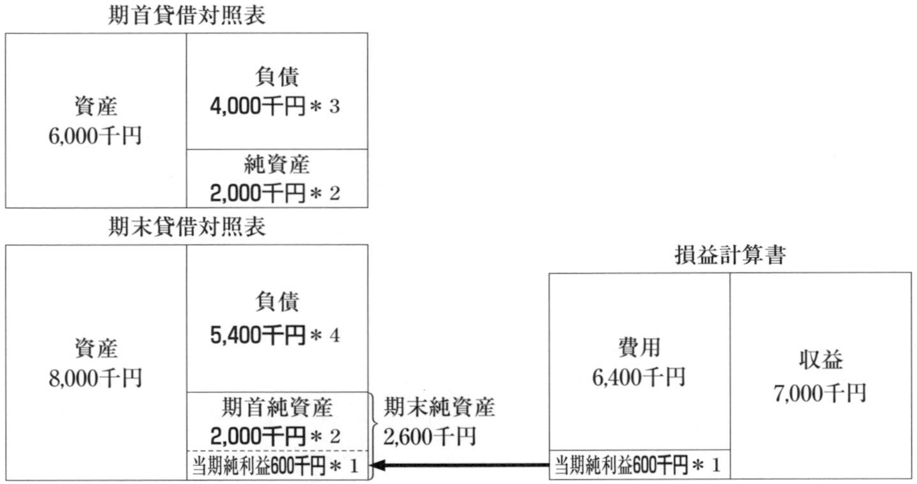

＊1　7,000千円〈収益〉－6,400千円〈費用〉＝600千円〈当期純利益〉
＊2　2,600千円〈期末純資産〉－600千円〈当期純利益〉＝2,000千円〈期首純資産〉
＊3　6,000千円〈期首資産〉－2,000千円〈期首純資産〉＝4,000千円〈期首負債〉
＊4　8,000千円〈期末資産〉－2,600千円〈期末純資産〉＝5,400千円〈期末負債〉

問2　語群穴埋め

損益法と財産法に関する文章の穴埋め問題です。
1．収益の金額が費用の金額より多い場合、(③　**ウ　当期純利益**) が生じる。
2．期中における純資産の増減にかかわらず、期末資産の金額から期末負債の金額を差し引くと、(④　**ア　期末純資産**) の金額となる。

第3問

問1　精算表の作成

　答案用紙に示されている決算整理前残高試算表と決算整理事項等をもとにして、決算整理を行います。なお、未処理事項（記入もれや訂正）があれば、それを先に処理し、修正後の金額をもって決算整理を行います。
　以下、決算修正事項の仕訳を示します。
1．土地の売却（未処理事項）
　土地を売却したときは、売却価額から帳簿価額を差し引いて、固定資産売却損益を算定します。

（未　収　入　金）	380,000	（土　　　　地）	350,000
		（固定資産売却益）	30,000

2．売掛金の当座回収（未処理事項）

（当　座　預　金）	64,000	（売　　掛　　金）	64,000

3．社会保険料の納付（仮払金の精算）

納付した社会保険料のうち、従業員負担分は給料支給時にあらかじめ計上していた社会保険料預り金（負債）を取り崩し、会社負担分は法定福利費（費用）として計上します。

（社会保険料預り金）	2,500	（仮　　払　　金）	5,000
（法　定　福　利　費）	2,500		

4．現金過不足の整理

決算時の原因不明の超過額のため雑益（または雑収入）とします。

（現　　　　金）（＊）	3,000	（雑　　　　益）	3,000

（＊）　30,000円 − 27,000円 = 3,000円（超過額）
　　　実際手許有高　帳簿残高

5．貸倒引当金の設定

売上債権に対して４％の実績率を用いて貸倒れを見積もり、貸倒引当金を設定します。

（貸倒引当金繰入）（＊）	11,000	（貸　倒　引　当　金）	11,000

（＊）　売上債権残高：400,000円 + 564,000円 − 64,000円 = 900,000円
　　　　　　　　　受取手形　　売掛金　　上記２．

見積額：900,000円 × 4 % = 36,000円
　　　　　　　　　実績率

繰入額：36,000円 − 25,000円 = 11,000円
　　　　　　　　決算整理前
　　　　　　　　貸倒引当金

6．売上原価の算定

仕入勘定の残高が売上原価となるように仕訳を行います。

（仕　　　　入）	123,000	（繰　越　商　品）（＊1）	123,000
（繰　越　商　品）（＊2）	132,000	（仕　　　　入）	132,000

（＊1）　繰越商品勘定（期首商品棚卸高）

（＊2）　決算整理事項等より（期末商品棚卸高）

7．建物（固定資産）の定額法による減価償却

減価償却累計額勘定があることから間接法で記帳していることがわかります。

（減　価　償　却　費）（＊）	72,000	（減価償却累計額）	72,000

（＊）　1,800,000円 ÷ 25年 = 72,000円
　　　　建物　　　耐用年数

8．支払利息の未払い

４か月分（×1年12月１日～×2年３月31日）の利息を未払利息（負債）として計上します。

（支　払　利　息）	3,000	（未　払　利　息）（＊）	3,000

（＊）　450,000円 × 2 % × $\frac{4か月}{12か月}$ = 3,000円
　　　　借入金

9．受取家賃の前受け

受取家賃のうち、次期の４か月分（×2年４月１日～７月31日）を前受家賃（負債）として計上します。

（受　取　家　賃）	200,000	（前　受　家　賃）（＊）	200,000

（＊）　600,000円 × $\frac{4か月}{12か月}$ = 200,000円
　　　　受取家賃

10．消費税の処理

仮受消費税と仮払消費税とを相殺して未払消費税を計算します。

（仮　受　消　費　税）	409,500	（仮　払　消　費　税）	282,000
		（未　払　消　費　税）（＊）	127,500

（＊）　貸借差額

11．法人税等の処理

当期の法人税、住民税及び事業税を計上し、相手勘定は未払法人税等として計上します。

（法人税、住民税及び事業税）	261,000	（未　払　法　人　税　等）	261,000

12．当期純利益の計算

損益計算書欄の貸借差額により計算します。

4,588,000円 − 3,992,500円 = 595,500円
貸方合計　　当期純利益を除く借方合計

問２　決算整理後の建物の帳簿価額

建物の帳簿価額は、取得原価から決算整理後の減価償却累計額を差し引いた金額となります。

1,800,000円 − 216,000円 = 1,584,000円
取得原価　　決算整理後の
　　　　　　減価償却累計額

日商簿記検定試験対策
まるっと完全予想問題集
第6回
解答・解説

出題論点			難易度
第1問	仕訳問題	1支払利息、2支払手形、3租税公課/通信費、4電子記録債権、5手形貸付金、6再振替仕訳、7現金過不足の発生、8敷金、9通貨代用証券、10買掛金の決済、11ICカードによる支払い、12売掛金の回収/訂正仕訳、13仕入、14剰余金の配当、15売上/証ひょう	A
第2問	(1)勘定記入（利益処分・決算振替）		A
	(2)商品有高帳		A
第3問	財務諸表の作成		A

〔難易度〕 A：普通　B：やや難しい

第6回　解答

第1問（45点）

	借方 記号	借方 金額	貸方 記号	貸方 金額
1	(イ) 支払利息	60,000	(エ) 普通預金	60,000
2	(カ) 支払手形	160,000	(イ) 当座預金	160,000
3	(オ) 通信費 (エ) 租税公課	800 55,000	(イ) 現金	55,800
4	(エ) 電子記録債権	870,000	(オ) 売掛金	870,000
5	(ア) 手形貸付金	1,500,000	(イ) 当座預金 (カ) 受取利息	1,470,000 30,000
6	(ア) 前受家賃	300,000	(ウ) 受取家賃	300,000
7	(エ) 現金	42,000	(ウ) 現金過不足	42,000
8	(イ) 当座預金 (オ) 修繕費	500,000 300,000	(ウ) 差入保証金	800,000
9	(オ) 現金	360,000	(カ) 売掛金	360,000
10	(ウ) 買掛金	150,000	(カ) 売掛金 (ア) 現金	80,000 70,000
11	(エ) 消耗品費	1,500	(オ) 仮払金	1,500
12	(ア) 売掛金	500,000	(オ) 償却債権取立益	500,000
13	(エ) 仕入 (カ) 仮払消費税	400,000 40,000	(ア) 前払金 (イ) 買掛金	110,000 330,000
14	(ウ) 繰越利益剰余金	6,600,000	(ア) 利益準備金 (エ) 未払配当金	600,000 6,000,000
15	(オ) 売掛金	500,000	(イ) 売上	500,000

仕訳一組につき３点を与える。合計45点。

（注）実際の本試験では、記号のみを解答してください。

第2問（20点）

(1)

損　　益

x2年3/31	仕入	1,500,000	x2年3/31	売上	2,700,000
〃	その他費用	200,000	〃	受取利息	100,000
〃	[ク（法人税等）]	〈 330,000 〉			
〃	[エ（繰越利益剰余金）]	〈 770,000 〉			
		2,800,000			2,800,000

利益準備金

x2年3/31	[イ（次期繰越）]	〈 220,000 〉	x1年4/1	前期繰越	200,000
			x1年6/30	[エ（繰越利益剰余金）]	〈 20,000 〉
		〈 220,000 〉			〈 220,000 〉

繰越利益剰余金

x1年6/30	未払配当金	200,000	x1年4/1	前期繰越	1,700,000
〃	[ウ（利益準備金）]	〈 20,000 〉	x2年3/31	[オ（損益）]	〈 770,000 〉
x2年3/31	[イ（次期繰越）]	〈 2,250,000 〉			
		〈 2,470,000 〉			〈 2,470,000 〉

(2)

商品有高帳

×1年		摘要	受入			払出			残高		
			数量	単価	金額	数量	単価	金額	数量	単価	金額
9	1	前月繰越	(200)	(100)	(20,000)				(200)	(100)	(20,000)
	7	仕入	(300)	(120)	(36,000)				(500)	(112)	(56,000)
	18	売上				(200)	(112)	(22,400)	(300)	(112)	(33,600)
	21	仕入	(100)	(140)	(14,000)				(400)	(119)	(47,600)
	22	仕入返品				(50)	(140)	(7,000)	(350)	(116)	(40,600)

9月中のA商品の売上総利益　¥ 43,600

(1)、(2)ともに□1つにつき2点を与える。合計20点。

第3問（35点）

損　益　計　算　書

○○株式会社　　×4年（4）月（1）日〜×5年（3）月（31）日　　（単位：円）

費用	金額	収益	金額
売上原価	（1,871,000）	売上高	（4,000,000）
給料	（370,000）	受取手数料	（343,200）
法定福利費	（60,000）		
支払家賃	（518,400）		
広告宣伝費	（210,000）		
貸倒引当金繰入	（14,400）		
雑（損）	（10,000）		
法人税、住民税及び事業税	（380,000）		
当期純利益	（909,400）		
	（4,343,200）		（4,343,200）

貸　借　対　照　表

○○株式会社　　×5年（3）月（31）日　　（単位：円）

資産	金額		負債及び純資産	金額
現金		（2,358,400）	支払手形	（143,600）
普通預金		（2,153,900）	買掛金	（201,600）
受取手形	（348,000）		借入金	（397,400）
貸倒引当金	（△13,920）	（334,080）	未払金	（28,800）
売掛金	（252,000）		未払費用	（5,000）
貸倒引当金	（△10,080）	（241,920）	（未払）消費税	（193,700）
商品		（384,000）	未払法人税等	（330,000）
前払費用		（172,800）	社会保険料預り金	（5,000）
未収収益		（26,400）	資本金	（3,000,000）
備品	（864,000）		繰越利益剰余金	（1,366,401）
減価償却累計額	（△863,999）	（1）		
		（5,671,501）		（5,671,501）

［実線枠］1つにつき3点、［点線枠］1つにつき2点を与える。合計35点。

第6回　解説

第1問

1．利息を支払ったときには、支払利息勘定の借方に記入します。

2．振り出した手形が決済されたときには、支払手形勘定の借方に記入します。

3．郵便切手は購入後すぐに使用したため、通信費勘定の借方に記入します。また、事務所として使用している建物の固定資産税は租税公課勘定の借方に記入します。なお、現金で支払ったため、合計額を現金勘定の貸方に記入します。

（通信費）	800	（現金）	55,800
（租税公課）	55,000		

4．売掛金について電子記録債権の発生記録の通知を受けた場合には、売掛金勘定から電子記録債権勘定の借方に振り替えます。

5．金銭を貸し付けた際に、約束手形を受け取ったときには手形貸付金勘定の借方に記入します。なお、利息は受取利息勘定の貸方に記入します。

当座預金：1,500,000円－30,000円＝1,470,000円

6．前期の決算時に行った収益の前受処理の逆仕訳を行います。

① 前期決算時の処理

（受取家賃）	300,000	（前受家賃）	300,000

② 再振替仕訳

（前受家賃）	300,000	（受取家賃）	300,000

7．現金の実際有高（金庫の中身）と帳簿残高が一致していないときは、その不一致額を現金過不足勘定で処理しておき原因を調査します。このとき、実際有高に帳簿残高を合わせるため、帳簿残高を増減させることに注意してください。

本問では、実際有高のほうが42,000円多いので、帳簿残高を増加させます。

8．契約時に支払った差入保証金は借方に記入しているため、契約を解除し返金されたときは貸方に記入し、金額を取り崩します。

このとき、賃貸借物件の原状回復のために借主が負担すべき費用（物件の修理代など）は修繕費勘定の借方に記入します。

9．売掛金を回収したときには、売掛金勘定の貸方に記入します。なお、普通為替証書（郵便為替証書）や他社振出小切手といった通貨代用証券を受け取ったときには、現金勘定の借方に記入します。

10．買掛金と売掛金を相殺するために、買掛金勘定の借方に記入するとともに売掛金勘定の貸方に記入します。なお、買掛金の超過分70,000円については、現金で支払っているため、現金勘定の貸方に記入します。

11．ICカードにチャージしたときに仮払金勘定の借方に記入しているため、ICカードを使用して支払いをしたときには、仮払金勘定の貸方に記入します。また、事業用に消耗品を購入しているため、消耗品費勘定の借方に記入します。

12. 前期に貸倒れとして処理した売掛金を回収したときは、償却債権取立益勘定（収益）の貸方に計上しますが、誤った処理をされているため、これを訂正します。

訂正にあたっては、「①誤った仕訳の逆仕訳」と「②正しい仕訳」が必要になりますが、問題文の指示により①と②の仕訳の当座預金は相殺します。

(1) 誤った仕訳

(当座預金)	500,000	(売掛金)	500,000

(2) 訂正仕訳

① 誤った仕訳の逆仕訳

(売掛金)	500,000	(当座預金)	500,000

② 正しい仕訳

(当座預金)	500,000	(償却債権取立益)	500,000

13. 商品を仕入れたときには、税抜方式では、支払った消費税額を仮払消費税勘定で処理します。なお、税抜方式とは、支払った消費税や受け取った消費税を仕入勘定や売上勘定に含めずに処理する方法をいいます。商品代金のうち手付金は支払ったときに前払金勘定の借方に記入しているため、商品を仕入れたときに前払金勘定の貸方に記入します。また、掛けとした代金は、買掛金勘定の貸方に記入します。

買掛金：440,000円－110,000円＝330,000円

14. 剰余金の配当をしたときは、繰越利益剰余金勘定の借方に、利益準備金の積立額と株主配当金の合計額を計上します。また、利益準備金を積み立てたので、利益準備金勘定の貸方に計上します。なお、株主総会において配当することを決定しただけで配当金の支払いは後日行うため、未払配当金勘定の貸方に株主配当金の金額を記入します。

15. 商品を売り上げたときには、売上勘定の貸方に記入します。なお、請求書の控えに記載された金額が売上高となります。代金は後日受け取るため、売掛金勘定の借方に記入します。

第2問

(1) 勘定記入（損益）

株主総会において決議された未払配当金と利益準備金は、繰越利益剰余金を取り崩して計上します。

また、損益勘定で求めた当期純利益は繰越利益剰余金に振り替えます。

1．×1年6月30日（株主総会）

株主総会において、繰越利益剰余金から配当金の支払いと利益準備金の積立てを行うことが決議されたため、未払配当金と利益準備金を計上し、繰越利益剰余金を取り崩します。

(繰越利益剰余金)	220,000	(未払配当金)	200,000
		(利益準備金)	20,000

2．×2年3月31日（決算振替）

① 収益、費用を損益勘定に振り替えます。

(売上)	2,700,000	(損益)	2,800,000
(受取利息)	100,000		
(損益)	1,700,000	(仕入)	1,500,000
		(その他費用)	200,000

② 収益と費用の差額から税引前当期純利益を算定し、そこから法人税等を求めます。なお、法人税等は損益勘定に振り替えます。

税引前当期純利益：2,800,000円〈収益〉－1,700,000円〈費用(法人税等除く)〉＝1,100,000円

法人税等：1,100,000円×30%＝330,000円

(損益)	330,000	(法人税等)	330,000

③ 損益勘定の貸方残高（当期純利益）を繰越利益剰余金勘定に振り替えます。

(損益)	770,000	(繰越利益剰余金)	770,000

3．勘定記入

上記の仕訳を各勘定に記入し、各勘定を締め切ると、次のようになります。

損　益

×2年3/31	仕入	1,500,000	×2年3/31	売上	2,700,000
〃	その他費用	200,000	〃	受取利息	100,000
〃	[**法人税等**]	〈 **330,000** 〉			
〃	[**繰越利益剰余金**]	〈 **770,000** 〉			
		2,800,000			2,800,000

利益準備金

×2年3/31	[**次期繰越**]	〈 **220,000** 〉	×1年4/1	前期繰越	200,000
			×1年6/30	[**繰越利益剰余金**]	〈 **20,000** 〉
		〈 **220,000** 〉			〈 **220,000** 〉

繰越利益剰余金

×1年6/30	未払配当金	200,000	×1年4/1	前期繰越	1,700,000
〃	[**利益準備金**]	〈 **20,000** 〉	×2年3/31	[**損益**]	〈 **770,000** 〉
×2年3/31	[**次期繰越**]	〈 **2,250,000** 〉			
		〈 **2,470,000** 〉			〈 **2,470,000** 〉

(2) 商品有高帳

A商品の仕入れや払い出しのつど、数量、単価、金額を商品有高帳に記録します。

1．9月中の取引

9月中の取引は以下のとおりです。

① 9月1日（前月繰越）

A商品の月初有高は20,000円（@100円×200個）なので、商品有高帳に前月繰越として記入します。

商 品 有 高 帳

×1年		摘 要	受入			払出			残高		
			数量	単価	金額	数量	単価	金額	数量	単価	金額
9	1	**前月繰越**	**200**	**100**	**20,000**				**200**	**100**	**20,000**

② 9月7日

A商品を仕入れたため、受入欄に仕入れたA商品の数量、単価、金額を記入します。移動平均法を採用しているため、残高の数量と金額は受入欄と前月繰越の残高を合算して記入し、金額を数量で割って単価を求めます。

商 品 有 高 帳

×1年		摘 要	受入			払出			残高		
			数量	単価	金額	数量	単価	金額	数量	単価	金額
9	1	前月繰越	200	100	20,000				200	100	20,000
	7	**仕 入**	**300**	**120**	**36,000**				**500**	**112**	**56,000**

9月7日（残高の金額）：20,000円＋36,000円＝56,000円

9月7日（残高の数量）：200個＋300個＝500個

9月7日（残高の単価）：56,000円÷500個＝@112円

③ 9月18日

A商品を売り上げたため、払出欄に売り上げたA商品の数量、単価、金額を記入します。払出欄の単価は9月7日の残高で求めた@112円を用います。

商 品 有 高 帳

×1年		摘 要	受入			払出			残高		
			数量	単価	金額	数量	単価	金額	数量	単価	金額
9	1	前月繰越	200	100	20,000				200	100	20,000
	7	仕 入	300	120	36,000				500	112	56,000
	18	**売 上**				**200**	**112**	**22,400**	**300**	**112**	**33,600**

9月18日（払出の金額）：200個×@112円＝22,400円

9月18日（残高の金額）：300個×@112円＝33,600円

④ 9月21日

A商品を仕入れたため、受入欄に仕入れたA商品の数量、単価、金額を記入します。

移動平均法を採用しているため、残高の数量と金額は受入欄と9月18日の残高を合算して記入し、金額を数量で割って単価を求めます。

商 品 有 高 帳

×1年		摘 要	受入			払出			残高		
			数量	単価	金額	数量	単価	金額	数量	単価	金額
9	1	前月繰越	200	100	20,000				200	100	20,000
	7	仕 入	300	120	36,000				500	112	56,000
	18	売 上				200	112	22,400	300	112	33,600
	21	**仕 入**	**100**	**140**	**14,000**				**400**	**119**	**47,600**

9月21日（残高の金額）：33,600円＋14,000円＝47,600円

9月21日（残高の数量）：300個＋100個＝400個

9月21日（残高の単価）：47,600円÷400個＝@119円

⑤ 9月22日

9月21日に仕入れていたA商品を返品したため、払出欄に返品したA商品の数量、単価、金額を記入します。払出欄の単価は9月21日の仕入単価を用います。

商 品 有 高 帳

×1年		摘 要	受入			払出			残高		
			数量	単価	金額	数量	単価	金額	数量	単価	金額
9	1	前月繰越	200	100	20,000				200	100	20,000
	7	仕 入	300	120	36,000				500	112	56,000
	18	売 上				200	112	22,400	300	112	33,600
	21	仕 入	100	140	14,000				400	119	47,600
	22	**仕入返品**				**50**	**140**	**7,000**	**350**	**116**	**40,600**

9月22日（払出の金額）：50個×@140円＝7,000円

9月22日（残高の金額）：47,600円－7,000円＝40,600円

9月22日（残高の数量）：400個－50個＝350個

9月22日（残高の単価）：40,600円÷350個＝@116円

2．9月中の売上総利益の金額

売上高（9月18日分）：200個×@330円＝66,000円

売上原価（9月18日の払出分）：200個×@112円＝22,400円

売上総利益：66,000円－22,400円＝43,600円

第3問

決算日に未処理事項や訂正事項がある場合は、決算整理に先立って適切な処理を行い、処理後の残高をもとに決算整理します。

1．現金過不足の処理

決算時に現金不足が判明したので、現金勘定の貸方に記入します。また、不足額の原因の一部は、広告宣伝費の記入漏れであったため、広告宣伝費勘定の借方に記入します。なお、原因不明の不足額については、雑損勘定の借方に記入します。

(広 告 宣 伝 費)	150,000	(現　　　金)(＊1)	160,000
(雑　　　損)(＊2)	10,000		

（＊1） 現金の不足額：$\underbrace{2,358,400円}_{実際有高} - \underbrace{2,518,400円}_{帳簿残高} = △160,000円$

（＊2） 雑損：160,000円－150,000円＝10,000円

B/S　現金：2,518,400円－160,000円＝2,358,400円

P/L　広告宣伝費：60,000円＋150,000円＝210,000円

2．当座借越

期末における当座預金の貸方残高は、実質的に短期の借入金に相当するため、適切な勘定へ振り替えます。本問では問題文の指示により借入金勘定を選びます。

(当　座　預　金)	397,400	(借　入　金)	397,400

3．貸倒引当金

貸倒引当金勘定の残高が売上債権（受取手形と売掛金）期末残高の4％になるよう差額を補充します。

(貸倒引当金繰入)(＊)	14,400	(貸 倒 引 当 金)	14,400

（＊） 売上債権の残高：$\underbrace{348,000円}_{受取手形} + \underbrace{252,000円}_{売掛金} = 600,000円$

貸倒引当金の当期末設定額：600,000円×4％＝24,000円

貸倒引当金繰入額：24,000円－9,600円〈試算表の貸倒引当金〉＝14,400円

B/S　貸倒引当金（受取手形）：348,000円×4％＝13,920円

B/S　貸倒引当金（売 掛 金）：252,000円×4％＝10,080円

4．売上原価

仕入勘定で売上原価が算定され、繰越商品勘定が期末商品棚卸高になるように次の処理をします。

(仕　　　入)	192,000	(繰 越 商 品)	192,000
(繰 越 商 品)	384,000	(仕　　　入)	384,000

P/L　売上原価：192,000円＋2,063,000円－384,000円＝1,871,000円

5．減価償却

耐用年数到来後も固定資産を使用し続ける場合、減価償却済みの固定資産があることを帳簿に記録しておくため、帳簿価額をゼロとせずに、「備忘価額」として金額が1円だけ残るように、最後の減価償却を行います。なお、減価償却は昨年度で終了しているため、当期においては「仕訳なし」となります。

6．法定福利費の未払い

法定福利費の未払分を未払法定福利費（負債）として計上します。

(法 定 福 利 費)	5,000	(未払法定福利費)	5,000

P/L　法定福利費：55,000円＋5,000円＝60,000円

7．収益の未収

手数料の未収分26,400円を未収手数料（資産）として計上します。

(未 収 手 数 料)	26,400	(受 取 手 数 料)	26,400

P/L　受取手数料：316,800円＋26,400円＝343,200円

8．仮払金の整理および費用の前払い

仮払金は、×5年2月1日から向こう6か月分の家賃の支払いであったことが判明したので、当期の2か月分（×5年2月1日～×5年3月31日）を支払家賃（費用）へ振り替え、次期の4か月分（×5年4月1日～×5年7月31日）を前払家賃（資産）へ振り替えます。

(支 払 家 賃)(＊1)	86,400	(仮　払　金)	259,200
(前 払 家 賃)(＊2)	172,800		

（＊1） $259,200円〈試算表の仮払金〉 \times \frac{2か月}{6か月} = 86,400円$

（＊2） $259,200円〈試算表の仮払金〉 \times \frac{4か月}{6か月} = 172,800円$

P/L　支払家賃：432,000円＋86,400円＝518,400円

9．消費税の処理

仮受消費税と仮払消費税とを相殺して未払消費税（負債）を計上します。

(仮 受 消 費 税)	400,000	(仮 払 消 費 税)	206,300
		(未 払 消 費 税)(＊)	193,700

（＊） 400,000円－206,300円＝193,700円

10．法人税等

当期の法人税、住民税及び事業税（費用）を計上します。期中に仮払法人税等（資産）

が計上されている場合には、これを取り崩し、残額を未払法人税等（負債）として計上します。

(法人税、住民税及び事業税)	380,000	(仮払法人税等)	50,000
		(未払法人税等)(＊)	330,000

（＊） 380,000円－50,000円＝330,000円

11. 損益計算書、貸借対照表の作成

決算整理前残高試算表の金額と、仕訳の金額を加減算した修正後の勘定残高を資産、負債、資本（純資産）、および収益、費用に分類します。資産、負債、資本（純資産）は貸借対照表へ、収益、費用は損益計算書へ記入します。

(1) 損益計算書記入上の注意

① 表題下に「会計期間」を表示します。
② 「売上」勘定残高は、「売上高」と表示します。
③ 「仕入」勘定残高は、「売上原価」と表示します。
④ 貸借差額を当期純損益として表示します。
当期純利益：収益合計4,343,200円－費用合計3,433,800円＝909,400円

(2) 貸借対照表記入上の注意

① 表題下に「決算日」を表示します。
② 「貸倒引当金」勘定残高は、資産の「売掛金」、「受取手形」から個別に控除する形式で表示します。なお、売上債権の合計額から一括して控除する方法などもあります。
③ 「繰越商品」勘定残高は、「商品」と表示します。
④ 「減価償却累計額」勘定残高は、資産の「備品」から控除する形式で表示します。なお、複数の固定資産を所有している場合は、それぞれの固定資産から控除する形式で表示しますが、固定資産の合計額から減価償却累計額の合計額を一括して控除する方法などもあります。
⑤ 経過勘定については、費用の前払額は「前払費用」、収益の前受額は「前受収益」、費用の未払額は「未払費用」、収益の未収額は「未収収益」と表示します。なお、未払消費税と未払法人税等は経過勘定ではないため、独立した科目で表示します。
⑥ 「繰越利益剰余金」は試算表の残高に当期純利益を加算した金額で表示します。

日商簿記検定試験対策
まるっと完全予想問題集

第７回

解答・解説

出題論点			難易度
第１問	仕訳問題	１前払金、２売掛金の回収、３仕入、４仕入/諸掛り/証ひょう、５旅費交通費、６社会保険料、７仮受金、８手形貸付金、９現金過不足の整理、10再振替仕訳、11借入金の返済、12従業員立替金、13当座預金、14貸倒引当金、15車両運搬具の購入	A
第２問	⑴勘定記入（売掛金）		A
	⑵小口現金出納帳		A
第３問	決算整理後残高試算表		A

〔難易度〕 A：普通　B：やや難しい

第７回　解答

第１問（45点）

	借方		貸方	
	記号	金額	記号	金額
1	（オ）前払金	20,000	（カ）当座預金	20,000
2	（ア）当座預金 （オ）支払手数料	399,800 200	（ウ）売掛金	400,000
3	（エ）仕入	271,500	（イ）買掛金 （ウ）支払手形 （ア）現金	120,000 150,000 1,500
4	（エ）仕入	218,500	（オ）前払金 （カ）普通預金 （ア）現金	100,000 110,000 8,500
5	（ア）旅費交通費	19,000	（オ）仮払金 （カ）当座預金	12,000 7,000
6	（カ）法定福利費 （エ）社会保険料預り金 （オ）従業員立替金	48,000 6,000 18,000	（ア）現金	72,000
7	（エ）当座預金	400,000	（イ）仮受金	400,000
8	（イ）当座預金	1,300,000	（エ）手形貸付金 （オ）受取利息	1,230,000 70,000
9	（エ）租税公課	9,000	（オ）当座預金 （カ）現金過不足 （ア）雑益	6,000 2,000 1,000
10	（エ）当座借越	60,000	（ウ）当座預金	60,000
11	（イ）借入金 （カ）支払利息	6,000,000 360,000	（ウ）当座預金	6,360,000
12	（ア）従業員立替金	85,000	（エ）当座預金	85,000
13	（ア）当座預金Ａ銀行 （イ）当座預金Ｂ銀行	100,000 100,000	（カ）現金	200,000
14	（カ）貸倒引当金	3,000	（イ）貸倒引当金戻入	3,000
15	（ア）車両運搬具	1,000,000	（エ）当座預金 （イ）未払金	300,000 700,000

仕訳一組につき３点を与える。合計45点。

（注）実際の本試験では、記号のみを解答してください。

第２問（20点）

(1)

総勘定元帳

売掛金

4/1	前期繰越	（1,437,000）	4/6	（諸口）	（228,000）
6/12	（売上）	1,200,000	12/26	（現金）	1,617,000
8/21	売上	（1,023,000）	2/8	（受取手形）	（1,371,000）
11/9	売上	795,000	3/31	次期繰越	（1,527,000）
1/20	売上	288,000			
		（4,743,000）			（4,743,000）

(2)

小口現金出納帳

受入	×5年		摘要	支払	内訳			
					旅費交通費	通信費	消耗品費	雑費
45,500	8	22	前週繰越					
59,500		〃	本日補給					
		〃	接待用お茶代	(13,300)				(13,300)
		23	地下鉄のきっぷ代	(4,200)	(4,200)			
		24	切手・はがき代	(5,600)		(5,600)		
		25	文房具代	(8,050)			(8,050)	
		26	電話料金	(10,500)		(10,500)		
		〃	コピー用紙	(15,750)			(15,750)	
			合計	(57,400)	(4,200)	(16,100)	(23,800)	(13,300)
		26	次週繰越	(47,600)				
(105,000)				(105,000)				
(47,600)	8	29	前週繰越					
(57,400)		〃	本日補給					

□ 1つにつき2点を与える。合計20点。

第3問（35点）

決算整理後残高試算表
×6年3月31日

借方	勘定科目	貸方
10,770,700	現金	
852,000	受取手形	
2,158,000	売掛金	
	貸倒引当金	30,100
601,200	繰越商品	
52,800	貯蔵品	
127,000	(前払)家賃	
13,750	(前払)利息	
1,350,000	備品	
	備品減価償却累計額	318,750
3,600,000	建物	
	建物減価償却累計額	420,000
920,000	土地	
	支払手形	503,650
	買掛金	905,000
	借入金	660,000
	未払消費税	536,700
	未払法人税等	538,200
	資本金	8,200,000
	繰越利益剰余金	5,300,000
	売上	8,192,000
	(償却債権取立益)	200,000
2,776,100	仕入	
805,750	給料	
52,800	租税公課	
381,000	支払家賃	
1,600	貸倒引当金繰入	
345,000	減価償却費	
16,500	支払利息	
980,200	法人税、住民税及び事業税	
25,804,400		25,804,400

当期純利益 ￥ 3,033,050

□ 1つにつき3点、┆┆ 1つにつき2点を与える。合計35点。

第７回　解説

第１問

1．商品を注文したときに内金や手付金を支払った場合には、支払った金額を前払金勘定の借方に記入します。

2．売掛金400,000円の回収取引なので、売掛金勘定の減少は400,000円ですが、当座預金勘定の増加は振込手数料200円を差し引いた399,800円です。手数料の支払いは支払手数料勘定で処理します。

3．商品を仕入れたときの仕訳です。商品を引き取るときにかかった仕入諸掛りは原則として、仕入勘定に含めて処理します。代金のうち120,000円は、掛けとしていますので買掛金とし、残額150,000円は約束手形を振り出しているので支払手形とします。

4．テーブルやイスは備品（固定資産）として事業の用に供することもありますが、本問では「販売用」と明記されているので、棚卸資産の購入すなわち仕入取引です。本問における商品の仕入代金210,000円は、納品書の合計欄から読み取ります。商品代金を前払いしたときは、後日商品を引き取る権利として、前払金勘定の借方に記入します。したがって、商品を引き取ったときは、その権利が消滅するため貸方に記入します。また、普通預金口座から支払ったときは、普通預金勘定の貸方に記入します。なお、引取運賃は仕入諸掛りなので仕入原価に加算します。

5．実際に出張で使用した用途と金額が確定するまでは、仮払金勘定で計上しておき、使用した内容が判明したときにその金額を旅費交通費に振り替えます。本問では、旅費交通費が不足していたため、概算額と超過額の合計金額を旅費交通費勘定の借方に記入します。また、超過額は小切手を振り出して渡したとあるため、当座預金勘定の貸方に記入します。

6．会社が従業員に関わる社会保険料を納付したときは、会社負担分は法定福利費勘定で処理します。また、従業員負担分については、納付前に給料から差し引き預かっている分（4～6月分）は、社会保険料預り金勘定で、今後、給料から差し引く分（7月以降分）は従業員立替金勘定で処理します。社会保険料の会計処理は、会社の方針によって異なるため、問題文の指示をよく読んで解答する必要があります。

7．出張中の社員から当座預金口座に入金があったので、当座預金勘定の借方に記入します。また、内容不明の入金のため、仮受金勘定の貸方に記入します。

8．金銭を貸し付けて手形を受け取ったときは資産の増加として手形貸付金勘定の借方に記入します。そのため、回収したときは手形貸付金勘定の貸方に記入します。なお、指定勘定科目に手形貸付金勘定がなく貸付金勘定がある場合は貸付金勘定を用います。また、利息の受け取りは収益の発生として受取利息勘定の貸方に記入します。

9．現金過不足について原因を調査し、その内容が確定したときは、適切な勘定へ振り替え、計上していた現金過不足を全て取り崩します。収入印紙の使用額は租税公課勘定（費用）の借方に計上し、当座預金の誤記入は当座預金勘定の貸方に計上し減少させます。なお、他人振出の小切手を受け取ったときは現金勘定で処理します。最後に、原因がわからなかった部分を雑益とします。

10．決算時において当座預金勘定の残高が貸方残高の場合には、当座借越勘定へ振り替えます。

①　前期決算時の処理

（当　座　預　金）	60,000	（当　座　借　越）	60,000

②　再振替仕訳

（当　座　借　越）	60,000	（当　座　預　金）	60,000

11．金銭を借り入れると、後で返さなくてはならない義務が生じます。このような債務は借入金勘定の貸方に記入します。したがって、返済したときは義務が消滅するため、借入金勘定の借方に記入します。また、利息の支払いは費用の発生として支払利息勘定の借方に記入します。

支払利息：$6{,}000{,}000円 \times 8\% \times \dfrac{9か月}{12か月} = 360{,}000円$

12．従業員が負担すべき生命保険料の支払いは、従業員立替金勘定で処理し、後日精算します。

13．当座預金口座を開設し、現金を預け入れた場合、当座預金勘定の増加として処理します。なお、複数の金融機関（A銀行とB銀行）に当座預金口座を開設した場合、事務管理のため、口座ごとに勘定を設定することがあります。本問は問題の指示により、口座ごとに（当座預金A銀行、当座預金B銀行）勘定を設定します。

14．当期の決算において見積もった貸倒引当金が、期末貸倒引当金よりも少ない場合、その差額だけ貸倒引当金を取り崩します。また、その際の相手勘定は、貸倒引当金戻入とします。

貸倒引当金戻入：12,000円－300,000円×３％＝3,000円

15．車両の購入代金1,000,000円のうち300,000円は小切手を振り出して支払ったため、当座預金勘定の貸方に記入します。残額の700,000円は商品売買以外の取引から生じた代金の未払分なので、未払金勘定の貸方に記入します。なお、「翌月末から７回の分割払い」とありますが、７回に分けて支払うというだけで後払いであることにはかわりません。

第2問

(1) **勘定記入**

得意先元帳（＝売掛金元帳）とは、売掛金の増減を取引先別に管理する補助簿です。

単純に、売掛金を取引先別に分けて記帳しているだけですので、分けたものを合体させれば、答案用紙の売掛金勘定は完成することになります。

各社の「前期繰越」を合算すれば、売掛金勘定の「前期繰越」になります。

各社の「次期繰越」を合算すれば、売掛金勘定の「次期繰越」になります。

得意先元帳

佐賀株式会社

4/1	前期繰越	594,000	：	：	：
：	：	：	3/31	次期繰越	972,000
11/9	売上	795,000			

徳島株式会社

4/1	前期繰越	615,000	：	：	：
：	：	：	3/31	次期繰越	555,000
1/20	売上	288,000			

三重株式会社

4/1	前期繰越	228,000	4/6	貸倒れ	228,000

得意先元帳の情報を日付順に仕訳に直して答案用紙へ転記します。なお、売掛金勘定に転記する際は、仕訳の相手科目を記入することに注意しましょう。

期中取引の仕訳は次のとおりです。

4/6：貸倒れ

（貸倒引当金）（＊）	96,000	（売掛金）	228,000
（貸倒損失）（＊）	132,000		

（＊） 売掛金勘定の貸方に228,000円を転記する際、相手科目が複数になるため、相手科目に代えて「諸口」と記入します。

6/12：売上

（売掛金）	1,200,000	（売上）	1,200,000

8/21：売上

（売掛金）	1,023,000	（売上）	1,023,000

11/9：売上

（売掛金）	795,000	（売上）	795,000

12/26：現金にて回収

（現金）	1,617,000	（売掛金）	1,617,000

1/20：売上

（売掛金）	288,000	（売上）	288,000

2/8：約束手形にて回収

（受取手形）	1,371,000	（売掛金）	1,371,000

(2) **小口現金出納帳の記入**

インプレスト・システム（定額資金前渡制）による小口現金出納帳の記入を行います。

受入欄より105,000円（前週繰越45,500円＋本日補給59,500円）が前渡しされていることがわかります。この資金を元にして、8月22日（月）から26日（金）までの1週間の支払いをしています。

小口現金出納帳において、1週間の支払い合計57,400円について勘定科目別の集計が行われ、8月29日（月）に小口現金係から会計係に報告し、同時に資金の補給を受けることとなります。前週に「使った分だけ補給」を受けますので、57,400円が補給されます。

なお、会計係が報告を受け、ただちに小切手を振り出して補給をしたときに行う仕訳は次のとおりです。

8/29	（旅費交通費）	4,200	（当座預金）	57,400
	（通信費）	16,100		
	（消耗品費）	23,800		
	（雑費）	13,300		

第3問

決算整理後残高試算表を作成する問題です。〔B〕決算整理事項より決算整理仕訳を順に処理し、〔A〕決算整理前残高試算表に反映させることで、決算整理後残高試算表を作成します。

Ⅰ．決算整理仕訳

〔A〕決算整理前残高試算表と〔B〕決算整理事項より決算整理仕訳を行います。

1．仮受金の処理

仮受金の全額が前期に貸倒処理した売掛金であったことが判明したため、全額を償却債権取立益勘定の増加として処理します。

（仮受金）（＊）	200,000	（償却債権取立益）	200,000

（＊） 前T/B仮受金の金額

2．売上原価の算定

（仕入）	552,300	（繰越商品）	552,300
（繰越商品）	601,200	（仕入）	601,200

決算整理後の仕入勘定残高（売上原価）：2,825,000円＋552,300円－601,200円
＝2,776,100円

3．貸倒引当金の設定

（貸倒引当金繰入）(＊)	1,600	（貸倒引当金）	1,600

（＊）　設定額：（852,000円＋2,158,000円）× 1 %＝30,100円
繰入額：30,100円－28,500円＝1,600円

決算整理後の貸倒引当金勘定残高：28,500円＋1,600円＝30,100円

4．減価償却費の計上

(1)　備品の減価償却費

（減価償却費）(＊)	225,000	（備品減価償却累計額）	225,000

（＊）　備品1,350,000円÷ 6 年＝225,000円

(2)　建物の減価償却費

（減価償却費）(＊)	120,000	（建物減価償却累計額）	120,000

（＊）　建物3,600,000円÷30年＝120,000円

決算整理後の備品減価償却累計額勘定残高：93,750円＋225,000円＝318,750円
決算整理後の建物減価償却累計額勘定残高：300,000円＋120,000円＝420,000円
決算整理後の減価償却費勘定残高：225,000円＋120,000円＝345,000円

5．貯蔵品勘定への振り替え

購入時に租税公課勘定で処理していた収入印紙のうち期末未使用分を租税公課勘定から貯蔵品勘定へ振り替えます。

（貯蔵品）	52,800	（租税公課）	52,800

決算整理後の租税公課勘定残高：105,600円－52,800円＝52,800円

6．支払家賃の前払い

問題文に、「毎年８月１日に向こう１年分381,000円を前払い」する旨の記述があるため、このうち×6年４月１日から×6年７月31日までの４か月分を次期の前払額とします。

（前払家賃）(＊)	127,000	（支払家賃）	127,000

（＊）　$381,000円 \times \frac{4か月}{12か月} = 127,000円$

決算整理後の支払家賃勘定残高：508,000円－127,000円＝381,000円

〈参　考〉

本問では、決算整理前の勘定残高から前払家賃を計算することもできます。

決算整理前の勘定残高には、前期に前払処理した×5年４月１日から×5年７月31日までの４か月分と、×5年８月１日に支払った１年分（12か月分）の支払家賃が計上されています。したがって、支払家賃の決算整理前の勘定残高508,000円は16か月分の支払家賃ということになり、このうち４か月分を次期の前払額とします。

（前払家賃）(＊)	127,000	（支払家賃）	127,000

（＊）　$508,000円 \times \frac{4か月}{4か月+12か月} = 127,000円$

7．支払利息の前払い

×6年４月１日から×7年１月31日までの次期の10か月分を前払計上します。

（前払利息）(＊)	13,750	（支払利息）	13,750

（＊）　$660,000円 \times 2.5\% \times \frac{10か月}{12か月} = 13,750円$

決算整理後の支払利息勘定残高：30,250円－13,750円＝16,500円

8．消費税の処理

仮受消費税と仮払消費税とを相殺して未払消費税を計算します。

（仮受消費税）	819,200	（仮払消費税）	282,500
		（未払消費税）(＊)	536,700

（＊）　819,200円－282,500円＝536,700円

9．法人税等の処理

当期の法人税、住民税及び事業税を計上します。期中に仮払法人税等が計上されている場合には、これを取り崩し、残額を未払法人税等として計上します。

（法人税、住民税及び事業税）	980,200	（仮払法人税等）	442,000
		（未払法人税等）(＊)	538,200

（＊）　980,200円－前Ｔ／Ｂ仮払法人税等442,000円＝538,200円

10．当期純利益の算定

収益合計：8,192,000円＋200,000円＝8,392,000円
費用合計：2,776,100円＋805,750円＋52,800円＋381,000円＋1,600円＋345,000円＋16,500円
＋980,200円＝5,358,950円
当期純利益：8,392,000円－5,358,950円＝3,033,050円

Ⅱ．決算整理後残高試算表

決算整理前残高試算表に決算整理仕訳を加減算したものが下記の決算整理後残高試算表です。

決算整理後残高試算表
×6年３月31日

借　方	勘定科目	貸　方
10,770,700	現金	
852,000	受取手形	
2,158,000	売掛金	
	貸倒引当金	30,100
601,200	繰越商品	
52,800	貯蔵品	
127,000	前払家賃	
13,750	前払利息	
1,350,000	備品	
	備品減価償却累計額	318,750
3,600,000	建物	
	建物減価償却累計額	420,000
920,000	土地	
	支払手形	503,650
	買掛金	905,000
	借入金	660,000
	未払消費税	536,700
	未払法人税等	538,200
	資本金	8,200,000
	繰越利益剰余金	5,300,000
	売上	8,192,000
	償却債権取立益	200,000
2,776,100	仕入	
805,750	給料	
52,800	租税公課	
381,000	支払家賃	
1,600	貸倒引当金繰入	
345,000	減価償却費	
16,500	支払利息	
980,200	法人税、住民税及び事業税	
25,804,400		25,804,400

日商簿記検定試験対策

まるっと完全予想問題集

第8回

解答・解説

出題論点			難易度
第1問	仕訳問題	1現金過不足の整理、2租税公課、3貸倒れ、 4未収入金、5備品の売却、6旅費交通費、 7剰余金の配当・処分、8配当金の支払い、 9仮払金/証ひょう、10消耗品/証ひょう、 11手形借入金、12電子記録債務、 13売掛金の回収/返品未処理、14仕入	A
		15クレジット売掛金	B
第2問	⑴固定資産台帳		A
	⑵現金実査		A
第3問	財務諸表の作成		A

〔難易度〕**A**：普通　**B**：やや難しい

第8回　解答

第1問（45点）

	借方 記号	借方 金額	貸方 記号	貸方 金額
1	（ア）現金過不足	5,600	（ウ）諸会費	5,600
2	（ウ）租税公課	360,000	（カ）普通預金	360,000
3	（ウ）貸倒引当金 （カ）貸倒損失	24,000 76,000	（オ）売掛金	100,000
4	（オ）普通預金	1,200,000	（ウ）未収入金	1,200,000
5	（イ）備品減価償却累計額 （カ）現金	550,000 267,000	（ア）備品 （オ）固定資産売却益	800,000 17,000
6	（イ）旅費交通費	5,000	（エ）現金	5,000
7	（ア）繰越利益剰余金	55,000	（エ）未払配当金 （イ）利益準備金	50,000 5,000
8	（エ）未払配当金	600,000	（ウ）当座預金	600,000
9	（カ）現金 （イ）買掛金 （ア）旅費交通費	5,000 70,000 75,000	（ウ）仮払金	150,000
10	（エ）消耗品費	23,500	（ア）未払金	23,500
11	（イ）当座預金 （ウ）通信費	1,250,000 1,000	（オ）手形借入金 （カ）現金	1,250,000 1,000
12	（オ）電子記録債務	480,000	（イ）当座預金	480,000
13	（ア）現金 （カ）売上	380,000 20,000	（オ）売掛金	400,000
14	（ア）仕入 （オ）仮払消費税	200,000 20,000	（イ）現金 （ウ）買掛金	33,000 187,000
15	（ウ）クレジット売掛金 （イ）現金	15,400 13,200	（オ）売上 （カ）仮受消費税	26,000 2,600

仕訳一組につき３点を与える。合計45点。

（注）実際の本試験では、記号のみを解答してください。

第2問（20点）

(1)

問1

固定資産台帳

×8年12月31日　　（単位：円）

取得年月日	種類・用途	耐用年数	取得原価	減価償却累計額 期首残高	減価償却累計額 当期償却額	減価償却累計額 期末残高	期末帳簿価額
×3年1月1日	備品A	8年	（4,000,000）	（2,500,000）	500,000	3,000,000	（1,000,000）
×4年7月5日	備品B	6年	3,600,000	（2,100,000）	600,000	（2,700,000）	（900,000）
×8年5月1日	建物	40年	24,000,000	（0）	（400,000）	（400,000）	（23,600,000）

問2	固定資産売却（損・益）	￥　25,000

(2)

問1	￥	326,000
問2	雑（損）￥	1,000

(1)は、□１つにつき３点を与える。

(2)は、各４点を与える。合計20点。

第3問（35点）

損益計算書

埼玉株式会社　×1年（4）月（1）日～×2年（3）月（31）日　（単位：円）

売上原価	（8,640,000）	売上高	（17,280,000）
給料	（965,600）	受取手数料	（864,000）
法定福利費	（96,000）		
旅費交通費	（838,000）		
消耗品費	（100,000）		
支払家賃	（2,160,000）		
貸倒引当金繰入	（42,800）		
減価償却費	（648,000）		
雑（損）	（20,000）		
支払利息	（453,600）		
法人税、住民税及び事業税	（1,300,000）		
当期純利益	（2,880,000）		
	（18,144,000）		（18,144,000）

貸借対照表

埼玉株式会社　×2年（3）月（31）日　（単位：円）

現金		（12,900,000）	支払手形	（3,240,000）
普通預金		（2,734,400）	買掛金	（2,680,000）
当座預金		（10,698,000）	借入金	（5,400,000）
小口現金		（500,000）	（未払）費用	（8,000）
受取手形	（3,024,000）		（未払）消費税	（842,400）
貸倒引当金	（△60,480）	（2,963,520）	（未払）法人税等	（1,300,000）
売掛金	（3,436,000）		社会保険料預り金	（8,000）
貸倒引当金	（△68,720）	（3,367,280）	資本金	（18,600,000）
商品		（1,296,000）	繰越利益剰余金	（5,491,200）
（前払）費用		（432,000）		
（未収）収益		（86,400）		
備品	（3,888,000）			
減価償却累計額	（△1,296,000）	（2,592,000）		
		（37,569,600）		（37,569,600）

［実線枠］1つにつき3点、［点線枠］1つにつき2点を与える。合計35点。

第8回　解説

第1問

1．現金過不足が貸方に計上されている原因として、諸会費の支払いが二重記帳されていることが判明したため、諸会費の支払いを取り消します。貸方に計上されていた現金過不足勘定を借方に記入するとともに、諸会費勘定を貸方に記入します。

（現金過不足）	5,600	（諸会費）	5,600

2．事業で使用する建物や土地に関する固定資産税を支払ったときは、租税公課勘定の借方に記入します。なお、相手勘定については固定資産税の納付書を受け取っただけでは、まだ支払いをしていないため、未払金勘定で処理しますが、本問では、ただちに普通預金口座から支払っているため普通預金勘定の貸方に記入します。

3．前期以前発生の売掛金が貸倒れとなった場合、売掛金勘定を減少させ、貸倒引当金勘定に残高があれば充当します。なお、貸倒引当金で充当しきれなかった場合は、費用として貸倒損失勘定の借方に記入します。

本問において、貸し倒れた売掛金が5,000円とした場合、仕訳は次のようになります。

（貸倒引当金）	5,000	（売掛金）	5,000

4．前月末、土地を売却した時点で以下のような仕訳をしています。その際、売却代金について商品売買以外の取引から生じた未収分のため、未収入金勘定の増加として処理します。

（未収入金）	1,200,000	（土地）	1,000,000
		（固定資産売却益）	200,000

そして、本問では未収入金を回収した取引について問われています。なお、振込先が当座預金ではなく、普通預金であることに気をつけましょう。

（普通預金）	1,200,000	（未収入金）	1,200,000

5．固定資産を売却したときは、売却価額と帳簿価額の差額である固定資産売却損益を計上します。固定資産の帳簿価額は、取得原価（=購入代価＋付随費用）から固定資産を使用した期間に対応する減価償却額を控除した金額です。本問における減価償却額は、前期末までの5年6か月分（×16年10月1日から×22年3月31日）になります。なお、期首に売却しているため当期分の減価償却は必要ありません。また、間接法により記帳しているため、売却した備品の取得原価を備品勘定の貸方に記入するとともに、前期末までの減価償却額を備品減価償却累計額勘定の借方に記入します。

備品の取得原価：780,000円＋20,000円＝800,000円

×16年度（取得年度）の減価償却額：800,000円÷8年×$\frac{6か月}{12か月}$＝50,000円

×17～21年度の減価償却額：800,000円÷8年×5年＝500,000円

売却時（期首）の減価償却累計額：50,000円＋500,000円＝550,000円

備品の売却時点（期首）の帳簿価額：800,000円－550,000円＝250,000円

売却損益：267,000円〈売却価額〉－250,000円〈帳簿価額〉＝17,000円〈売却益〉

6．電車やバス等、交通手段のための支出額は旅費交通費勘定（費用）で処理します。本問は、「入金時に全額費用計上する」とありますので、入金額の全額を旅費交通費勘定の借方に記入します。
7．株主総会において繰越利益剰余金の配当・処分を決定したときは、株主配当金と利益準備金の積立額だけ繰越利益剰余金勘定を減らします。また、利益準備金を積み立てたときは利益準備金勘定を増やします。なお、株主配当金は、配当を決定しただけでまだ支払っていないので、未払配当金勘定で処理します。
8．株主総会で剰余金の配当が承認された際に、すでに未払配当金を計上しています。本問では、その配当金を支払っていますので、未払配当金の減少として借方に記入します。また、小切手を振り出したときには、当座預金の減少として、貸方に記入します。
9．出張の際の概算払い額は仮払金勘定の借方に記入します。その後、精算を行ったときに、仮払金勘定の貸方に記入し、借方には確定した勘定科目および金額を記入します。なお、宿泊費と交通費は指定勘定科目より旅費交通費勘定の借方に記入します。また、宿泊費と交通費の金額は、領収書から判明します。
10．事務作業用の物品は消耗品に該当します。そして、消耗品を購入したときは、消耗品費勘定の借方に記入します。また、送料については、消耗品費勘定に含めて処理します。なお、商品以外の代金を後日支払うときは、未払金勘定の貸方に記入します。
11．資金を借り入れた際に、約束手形を振り出したときは、手形借入金勘定の貸方に記入します。また、約束手形の郵送代金は、通信費勘定の借方に記入します。
12．電子記録債務が決済されたときは、電子記録債務勘定の借方に記入します。
13．すぐに換金することができる普通為替証書（郵便為替証書）や他人振出の小切手は現金勘定で処理します。このように、すぐに換金することができるものを、通貨の代わりになるという意味で通貨代用証券と呼び、他に送金小切手などがあります。
また、販売した商品の返品を受けたときは、売掛金を減らすとともに、売上を取り消します。
14．商品を仕入れたとき、税抜方式では、支払った消費税額を仮払消費税勘定で処理します。なお、税抜方式とは、支払った消費税や受け取った消費税を仕入勘定や売上勘定に含めずに処理する方法をいいます。

仮払消費税（資産）：200,000円（本体価格）×10％＝20,000円

15．売上集計表に記載されている各品目の合計金額を売上勘定で処理します。また、税抜方式による消費税の処理は、売上に係る消費税を仮受消費税勘定の増加で処理します。なお、クレジットカードによる決済額は、あとで信販会社に売上代金を請求できるため、クレジット売掛金勘定で処理します。信販会社への手数料については、問題文の指示に従い、本問では販売時には計上しません。

第2問

(1) **固定資産台帳**

Ⅰ　固定資産台帳の読み取り

減価償却累計額勘定の内訳を示しています

当期の減価償却費のことです

（単位：円）

取得年月日	種類・用途	耐用年数	取得原価	減価償却累計額			期末帳簿価額
				期首残高	当期償却額	期末残高	
×3年1月1日	備品A	8年	4,000,000	2,500,000	⊕ 500,000	⇒ 3,000,000	1,000,000
×4年7月5日	備品B	6年	3,600,000	2,100,000	⊕ 600,000	⇒ 2,700,000	900,000
×8年5月1日	建　物	40年	24,000,000	0	⊕ 400,000	⇒ 400,000	23,600,000

取得原価から減価償却累計額の期末残高（決算整理後）を引いて計算します

Ⅱ　固定資産台帳の推定

問1より、当会計期間は×8年1月1日～×8年12月31日の1年であることがわかります。

1．備品A

① 取得原価

取得年月日は当期以前の日付です。これにより、当期償却額500,000円は1年分の金額であることがわかります。残存価額はゼロなので、耐用年数にかけ算すれば取得原価が計算できます。

500,000円〈1年分〉×8年分〈耐用年数〉＝**4,000,000円**

② 減価償却累計額の期首残高

×3．1．1～×7．12．31：4,000,000円〈取得原価〉÷8年×5年＝**2,500,000円**

または、期末残高から逆算して計算することもできます。

3,000,000円〈期末残高〉－500,000円〈当期分〉＝**2,500,000円**

③ 期末帳簿価額

4,000,000円〈取得原価〉－3,000,000円〈減価償却累計額の期末残高〉＝**1,000,000円**

2．備品B

① 減価償却累計額の期首残高

取得年月日は当期以前の日付ですが、期中に取得しているので初年度は月割計算になります。なお、月の途中で取得していますが日割計算はしません。7月分を1か月分として計算します。

×4．7．5～×4．12．31：3,600,000円〈取得原価〉÷6年×$\frac{6か月}{12か月}$＝　300,000円

×5．1．1～×7．12．31：3,600,000円〈取得原価〉÷6年×3年　＝ 1,800,000円

計　**2,100,000円**

または、当期以前に取得していることから、当期償却額600,000円は1年分である

ことに気づければ、以下のように計算することもできます。

×4．7．5～×4. 12. 31：600,000円×$\frac{6か月}{12か月}$＝　300,000円

×5．1．1～×7. 12. 31：600,000円×３年　＝　1,800,000円

計　**2,100,000円**

② 減価償却累計額の期末残高

2,100,000円〈期首残高〉＋600,000円〈当期分〉＝**2,700,000円**

③ 期末帳簿価額

3,600,000円〈取得原価〉－2,700,000円〈減価償却累計額の期末残高〉＝**900,000円**

３．建物

① 減価償却累計額の期首残高

取得年月日により、当期中に取得していることがわかります。当期首時点に存在していないので**ゼロ**になります。

② 当期償却額

当期中に取得しているため、取得した月からの月割計算になります。

×8．5．1～×8. 12. 31：24,000,000円〈取得原価〉÷40年×$\frac{8か月}{12か月}$＝**400,000円**

③ 期末帳簿価額

24,000,000円〈取得原価〉－400,000円〈減価償却累計額の期末残高〉＝**23,600,000円**

Ⅲ　備品Ａの売却

取得後、減価償却を行った流れをタイムテーブルで示すと次のようになります。

期中売却であるため、×8年度（×8年１月１日から始まる会計年度）の減価償却も必要です。

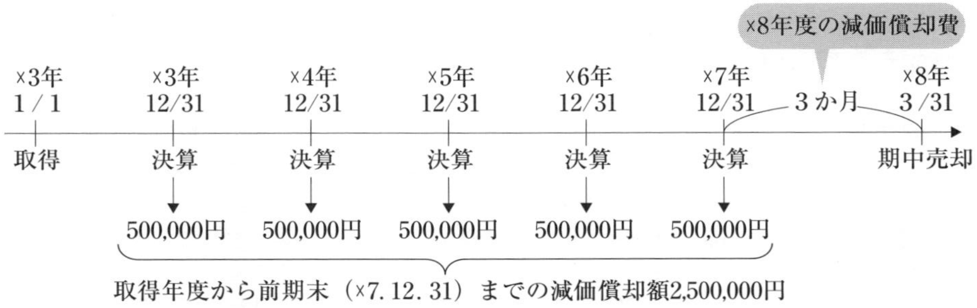

×8年度減価償却費

×8．1．1～×8．3．31：500,000円〈１年分〉×$\frac{3か月}{12か月}$＝**125,000円**

固定資産売却損益は、売却価額から売却時点の帳簿価額を差し引いて計算します。

1,400,000円〈売却価額〉－（4,000,000円－2,500,000円－125,000円）〈売却時点の帳簿価額〉＝**25,000円**〈固定資産売却**益**〉

仕訳して考えてみるのがよいでしょう。なお、固定資産台帳の記載内容が理解できるようになると、計算の手間を減らすことができます。

(減価償却累計額)(＊)	2,500,000	(備　　　品)	4,000,000
(減 価 償 却 費)	125,000	(固定資産売却**益**)	**25,000**
(現　金　な　ど)	1,400,000		

（＊）　固定資産台帳、減価償却累計額の「期末残高」

×7年12月31日における決算整理後の残高は、翌期首（×8年１月１日）時点の残高になります。

(2)　現金実査

現金の範囲に関する問題です。

１．現金の実際有高の把握

［金庫に保管されていたもの］より、現金の実際有高（簿記上の現金の金額）を計算します。

現金の実際有高：6,000円〈硬貨〉＋120,000円〈紙幣〉＋50,000円〈普通為替証書（郵便為替証書）〉＋70,000円〈送金小切手〉＋80,000円〈他社振出の小切手〉＝326,000円

なお、本問において、現金に該当しないものと、その計上科目は以下のとおりです（処理済）。

他社振出の約束手形：受取手形

郵便切手：通信費（期末に未使用分を「貯蔵品」へ振り替える）

商 品 券：受取商品券

２．決算時における現金過不足の処理

現金過不足が発生したら、その原因を調べ、原因が判明した分については、その原因となる勘定に振り替えます。また、決算日までに原因が判明しなかった分については雑損勘定または雑益勘定に振り替えます。

現 金 過 不 足：326,000円－335,000円＝△9,000円（現金不足）

本問は現金過不足9,000円のうち、原因が判明した8,000円については水道光熱費勘定に振り替え、原因が判明しない1,000円については雑損勘定に振り替えます。

第3問

1．小口現金の処理

インプレスト・システムのもとで小口現金係から受けていた支払報告が未処理であったため、費用を計上し、支払額を小口現金勘定の貸方に記入します。

(旅費交通費)	150,000	(小口現金)	250,000
(消耗品費)	100,000		

また、小口現金を補給するために小切手を振り出したため、小口現金勘定を増加させ、当座預金勘定を減少させます。

(小口現金)	250,000	(当座預金)	250,000

B／S小口現金：500,000円－250,000円＋250,000円＝500,000円

2．普通預金口座への入金（未処理事項）

売掛金が普通預金口座へ振り込まれていたため、普通預金勘定を増加させ、売掛金勘定を減少させます。

(普通預金)	20,000	(売掛金)	20,000

B／S売掛金：3,456,000円－20,000円＝3,436,000円

B／S普通預金：2,714,400円＋20,000円＝2,734,400円

3．未処理事項（給料の支払い）

給料支払時に、社会保険料の従業員負担分を預かった場合には、社会保険料預り金（負債）勘定で処理します。

(給料)	80,000	(社会保険料預り金)	8,000
		(当座預金)(＊)	72,000

(＊)　80,000円－8,000円＝72,000円

P／L給料：885,600円＋80,000円＝965,600円

B／S当座預金：11,020,000円－250,000円－72,000円＝10,698,000円

4．現金過不足の処理

決算時に現金不足が判明したので、現金勘定の貸方に記入します。また、不足額の原因の一部は、旅費交通費の記入漏れであったため、旅費交通費勘定の借方に記入します。なお、原因不明の不足額については、雑損勘定の借方に記入します。

(旅費交通費)	40,000	(現金)(＊1)	60,000
(雑損)(＊2)	20,000		

(＊1)　現金の不足額：12,900,000円（実際有高）－12,960,000円（帳簿残高）＝△60,000円

(＊2)　P／L雑損：60,000円－40,000円＝20,000円

B／S現金：12,960,000円－60,000円＝12,900,000円

P／L旅費交通費：648,000円＋150,000円＋40,000円＝838,000円

5．貸倒引当金の設定

貸倒引当金勘定の残高が、売上債権（受取手形と売掛金）期末残高の2％になるように、差額を補充します。

(貸倒引当金繰入)(＊)	42,800	(貸倒引当金)	42,800

(＊)　（T／B受取手形3,024,000円＋T／B売掛金3,456,000円－未処理分20,000円）×2％＝設定額129,200円

129,200円－T／B貸倒引当金86,400円＝繰入額42,800円

B／S貸倒引当金（受取手形）：3,024,000円×2％＝60,480円

B／S貸倒引当金（売掛金）：（3,456,000円－20,000円）×2％＝68,720円

6．消費税の処理

仮受消費税と仮払消費税とを相殺して未払消費税を計算します。

(仮受消費税)	1,728,000	(仮払消費税)	885,600
		(未払消費税)(＊)	842,400

(＊)　1,728,000円－885,600円＝842,400円

7．売上原価の計算

仕入勘定で売上原価を算定し、繰越商品勘定を期末商品棚卸高にします。

(仕入)(＊)	1,080,000	(繰越商品)	1,080,000
(繰越商品)	1,296,000	(仕入)	1,296,000

(＊)　T／B繰越商品（期首商品棚卸高）

P／L売上原価：1,080,000円＋8,856,000円－1,296,000円＝8,640,000円

8．備品の減価償却

備品について、定額法による減価償却を行います。なお、残存価額は0（ゼロ）のため、取得原価を耐用年数で除して計算します。

(減価償却費)(＊)	648,000	(備品減価償却累計額)	648,000

(＊)　$\frac{\text{T／B備品3,888,000円}}{\text{6年}}$＝減価償却費648,000円

B／S減価償却累計額：T／B 648,000円＋648,000円＝1,296,000円

9．収益の未収

手数料の未収分を未収手数料として処理します。

(未収手数料)	86,400	(受取手数料)	86,400

P／L受取手数料：T／B 777,600円＋86,400円＝864,000円

10．費用の前払い

支払家賃勘定の残高2,592,000円は、当期（×1年6月1日）に支払った12か月分（×1年6月1日～×2年5月31日）です。したがって、次期の2か月分（×2年4月1日～5月31日）を前払家賃として処理します。

(前払家賃)(＊)	432,000	(支払家賃)	432,000

(＊)　T／B支払家賃2,592,000円×$\frac{\text{2か月}}{\text{12か月}}$＝前払額432,000円

P／L支払家賃：T／B 2,592,000円－432,000円＝2,160,000円

11. 費用の未払い

法定福利費の未払分を未払費用として処理します。

(法 定 福 利 費)	8,000	(未 払 費 用)	8,000

P/L 法定福利費：T/B 88,000円＋8,000円＝96,000円

12. 法人税等の処理

当期の法人税、住民税及び事業税を計上し、相手勘定は未払法人税等として処理します。

(法人税、住民税及び事業税)	1,300,000	(未払法人税等)	1,300,000

13. 損益計算書および貸借対照表の作成

決算整理前残高試算表の金額と、仕訳の金額を加減算した修正後の勘定残高を資産・負債・資本（純資産）、および収益・費用に分類します。資産・負債・資本（純資産）は貸借対照表へ、収益・費用は損益計算書へ記入します。

(1) 損益計算書記入上の注意

① 表題下に「会計期間」を表示します。

② 「売上」勘定残高は、「売上高」と表示します。

③ 「仕入」勘定残高は、「売上原価」と表示します。

④ 貸借差額を当期純損益として表示します。

当期純利益：収益合計18,144,000円－費用合計15,264,000円＝2,880,000円

(2) 貸借対照表記入上の注意

① 表題下に「決算日」を表示します。

② 「貸倒引当金」勘定残高は、資産の「売掛金」「受取手形」から個別に控除する形式で表示します。

③ 「繰越商品」勘定残高は、「商品」と表示します。

④ 費用の前払額は「前払費用」、収益の前受額は「前受収益」、費用の未払額は「未払費用」、収益の未収額は「未収収益」と表示します。

⑤ 「備品減価償却累計額」勘定残高は、資産の「備品」から控除する形式で表示します。なお、複数の固定資産を所有している場合は、それぞれの固定資産から控除する形式で表示しますが、固定資産の合計額から減価償却累計額の合計額を一括して控除する方法などもあります。

⑥ 「繰越利益剰余金」は試算表の残高に当期純利益を加算した金額で表示します。

繰越利益剰余金：T/B 2,611,200円＋当期純利益2,880,000円＝5,491,200円

日商簿記検定試験対策
まるっと完全予想問題集
第9回
解答・解説

出題論点			難易度
第1問	仕訳問題	1決算整理、2商品券、3伝票、5売掛金の回収、6受取手形の決済、7給料、8租税公課、9売上、10剰余金の配当・処分、11備品の売却、12社会保険料、13貸倒れ、14仕入/諸掛り、15敷金/家賃/仲介手数料/証ひょう	A
		4売上/発送費	B
第2問	⑴勘定記入（経過勘定・受取利息）		A
	⑵残高試算表の穴埋め（経過勘定・支払家賃/支払利息）		A
第3問	貸借対照表作成・繰越利益剰余金勘定・損益勘定		A

〔難易度〕A：普通　B：やや難しい

第9回　解答

第1問（45点）

	借方		貸方	
	記号	金額	記号	金額
1	(カ) 貯蔵品	18,000	(ア) 通信費	15,000
			(イ) 租税公課	3,000
2	(ウ) 当座預金	164,000	(オ) 受取商品券	164,000
3	(エ) 売掛金	600,000	(イ) 売上	600,000
4	(ウ) 売掛金	95,000	(カ) 売上	95,000
	(イ) 発送費	5,000	(オ) 未払金	5,000
5	(カ) 現金	80,000	(ウ) 償却債権取立益	80,000
6	(オ) 当座預金	472,000	(エ) 受取手形	472,000
7	(カ) 給料	12,150,000	(ウ) 従業員立替金	1,417,500
			(イ) 所得税預り金	1,215,000
			(ア) 社会保険料預り金	405,000
			(オ) 普通預金	9,112,500
8	(ア) 租税公課	360,000	(ウ) 普通預金	360,000
9	(オ) 売掛金	220,000	(エ) 売上	200,000
			(ア) 仮受消費税	20,000
10	(ウ) 繰越利益剰余金	660,000	(カ) 未払配当金	600,000
			(イ) 利益準備金	60,000
11	(エ) 備品減価償却累計額	160,000	(オ) 備品	280,000
	(ア) 未収入金	25,000		
	(ウ) 固定資産売却損	95,000		
12	(エ) 社会保険料預り金	120,000	(カ) 普通預金	240,000
	(イ) 法定福利費	120,000		
13	(イ) 貸倒損失	492,000	(エ) 売掛金	492,000
14	(ア) 仕入	71,000	(カ) 当座預金	70,000
			(イ) 現金	1,000
15	(エ) 支払手数料	300,000	(イ) 普通預金	1,400,000
	(オ) 差入保証金	720,000		
	(ウ) 支払家賃	380,000		

仕訳一組につき3点を与える。合計45点。

（注）実際の本試験では、記号のみを解答してください。

第2問（20点）

(1)

受取利息

年	月	日	勘定科目	金額	年	月	日	勘定科目	金額
x4	4	1	ウ（未収利息）	3,750	x4	12	31	イ（現金）	15,000
x5	3	31	エ（損益）	31,250	x5	3	31	ウ（未収利息）	20,000
				35,000					35,000

未収利息

年	月	日	勘定科目	金額	年	月	日	勘定科目	金額
x4	4	1	前期繰越	3,750	x4	4	1	ア（受取利息）	3,750
x5	3	31	ア（受取利息）	20,000	x5	3	31	オ（次期繰越）	20,000
				23,750					23,750

（注）実際の本試験では、記号のみを解答してください。

(2)

〈当期中に作成された試算表（一部）〉

決算整理前残高試算表

借方	勘定科目	貸方
	前払（家賃）	
	未払（利息）	
36,000	支払家賃	
5,000	支払利息	

決算整理後残高試算表

借方	勘定科目	貸方
9,000	前払（家賃）	
	未払（利息）	1,000
27,000	支払家賃	
6,000	支払利息	

□ 1つにつき2点を与える。合計20点。

第3問（35点）

損　益　（単位：円）

損		益	
仕入	（407,000）	売上	（571,500）
給料	（60,040）	受取利息	（2,100）
水道光熱費	（26,500）	雑（益）	（200）
支払家賃	（26,400）		
保険料	（23,400）		
減価償却費	（6,000）		
貸倒引当金繰入	（660）		
支払利息	（1,500）		
固定資産売却損	（3,000）		
法人税、住民税及び事業税	（6,000）		
繰越利益剰余金	（13,300）		
	（573,800）		（573,800）

繰越利益剰余金　（単位：円）

（次期繰越）	（62,100）	前期繰越	（48,800）
		（損益）	（13,300）
	（62,100）		（62,100）

貸借対照表

○○株式会社　×4年3月31日　（単位：円）

資産	金額		負債及び純資産	金額
現金		（24,580）	支払手形	（20,100）
普通預金		（80,000）	買掛金	（29,300）
受取手形	（27,000）		借入金	（60,100）
貸倒引当金	（△540）	（26,460）	未払法人税等	（3,500）
売掛金	（36,000）		前受金	（2,000）
貸倒引当金	（△720）	（35,280）	未払費用	（2,200）
商品		（69,100）	資本金	（100,000）
未収入金		（7,800）	繰越利益剰余金	（62,100）
貸付金		（24,080）		
備品	（30,000）			
減価償却累計額	（△18,000）	（12,000）		
		（279,300）		（279,300）

［実線枠］1つにつき3点、［点線枠］1つにつき2点を与える。合計35点。

（注）雑（益）は雑（収入）でもよい。

第9回　解説

第1問

1．決算において未使用の郵便切手は、通信費勘定から貯蔵品勘定の借方に振り替えます。また、未使用分の収入印紙は、租税公課勘定から貯蔵品勘定の借方に振り替えます。

2．自治体発行の商品券は受け取ったときに、受取商品券勘定の借方に記入しています。したがって、金融機関で換金したときには、受取商品券勘定の貸方に記入します。

3．入金伝票に売掛金と記入されていることから、取引を擬制して記入していることがわかります。したがって、振替伝票に記入する金額は600,000円となります。

①　入金伝票

(現　　　金)	400,000	(売　掛　金)	400,000

②　振替伝票

(売　掛　金)	600,000	(売　　　上)	600,000

4．商品を送料込みの金額で販売しているため、売上勘定の貸方にその金額を記入します。また、代金を掛けとする指示があるため、売掛金勘定の借方にも送料込みの金額を記入します。なお、送料に関しては、費用処理する旨の指示があるため、発送費勘定の借方に記入し、後日支払うので未払金勘定の貸方に記入します。

5．前期以前に貸倒れ処理した債権を回収した場合、償却債権取立益勘定の貸方に記入します。

6．受取手形が決済されたときには、受取手形勘定の貸方に記入します。

7．給料の前貸額は、あとで返してもらう権利として従業員立替金勘定（資産）の借方に記入します。よって給料の支払時にこれを差し引いたときは、従業員立替金勘定の貸方に記入します。また、給料総額から控除した源泉徴収額は所得税預り金勘定の貸方に記入し、社会保険料の預り金は社会保険料預り金勘定の貸方に記入します。

8．固定資産税を納付したときには、租税公課勘定の借方に記入します。なお、納付書を受け取ってただちに普通預金口座から支払っているため、貸方は普通預金勘定とします。

9．商品を売り上げたときには、売上勘定の貸方に記入します。また、税抜方式による消費税の処理は、売上に係る消費税を仮受消費税勘定の貸方に記入します。なお、代金は掛けとしているため、売掛金勘定の借方に記入します。

10．剰余金の配当を決定したときは、繰越利益剰余金勘定の借方に、利益準備金の積立額と株主配当金の合計額を計上します。また、利益準備金を積み立てたので、利益準備金勘定の貸方に計上します。なお、株主総会において配当することを決定しただけで配当金の支払いは後日行うため、未払配当金勘定の貸方に株主配当金の金額を記入します。

11．固定資産を売却したときは、売却価額と帳簿価額の差額として固定資産売却損益を計上します。固定資産の帳簿価額は、取得原価から固定資産を使用した期間に対応する減価償却額（減価償却累計額）を控除した金額です。本問における減価償却累計額は、4年分の金額となります。なお、期首に売却しているため当期分の減価償却は必要ありません。また、間接法により記帳しているため、売却した備品の取得原価を備品勘定の貸方に記入するとともに、前期末までの減価償却額を備品減価償却累計額勘定の借方に記入します。

備品減価償却累計額：280,000円÷7年×4年＝160,000円

備品の売却時点（期首）の帳簿価額：280,000円－160,000円＝120,000円

売却損益：25,000円〈売却価額〉－120,000円〈帳簿価額〉＝△95,000円〈売却損〉

12．社会保険料を納付したときには、従業員負担分は社会保険料預り金勘定の借方に記入し、会社負担分は法定福利費勘定の借方に記入します。

13．当期に発生した売掛金が貸し倒れたときには、貸倒引当金の残高があったとしても全額貸倒損失勘定の借方に記入します。

14．商品を仕入れたときには、仕入勘定の借方に記入します。なお、引取運賃などの仕入諸掛りについては、仕入に含めて処理します。

15．事務所として使用する建物の家賃は支払家賃勘定の借方に記入します。仲介手数料は支払手数料勘定の借方に記入し、敷金は差入保証金勘定の借方に記入します。また、普通預金口座から振り込んだため、普通預金勘定の貸方に記入します。

第2問

(1)　**勘定記入**

経過勘定には①前払②前受③未払④未収がありますが、本問は④について、一会計期間の勘定記入を問う問題です。

（イ）期首再振替仕訳

前期末において、収益の未収分を資産に振り替えた場合、翌期首にその逆仕訳を行って、元の収益の勘定に戻します。

(受　取　利　息)	3,750	(未　収　利　息)	3,750

未収利息：500,000円×3％×$\frac{3か月}{12か月}$＝3,750円

（ロ）期中取引（貸し付け時）

6月1日において、新たに1,000,000円の貸し付けを行います。なお、答案用紙の勘定記入には関わりません。

(貸　付　金)	1,000,000	(現　　　金)	1,000,000

（ハ）期中取引（現金受取時）

「当期×4年12月31日に利息と元本を全額受け取った」ことから、受取時の仕訳を行います。

(現　　　金)	500,000	(貸　付　金)	500,000
(現　　　金)	15,000	(受　取　利　息)	15,000

受取利息：500,000円×3％＝15,000円

（ニ）決算整理

新たに貸し付けた貸付金1,000,000円の利息のうち、当期に属する10か月分を未収利息

（資産）として処理します。

（未　収　利　息）	20,000	（受　取　利　息）	20,000

未収利息：$1{,}000{,}000円 \times 2.4\% \times \frac{10か月}{12か月} = 20{,}000円$

（ホ）決算振替仕訳

決算整理後の費用・収益の各勘定残高を損益勘定に振り替えます。なお、資産・負債・資本（純資産）の各勘定残高は次期繰越と記入して締め切ります。

（受　取　利　息）	31,250	（損　　　益）	31,250

(2)　**勘定記入**

各試算表の作成時点における各勘定残高の算定には、支払家賃と支払利息が当期に契約されたものではなく、前期に契約され継続的に前（後）払いされていることから、前期からの処理を考慮する必要があります。

1．前期の処理

(i)　支払家賃・前払家賃

①　契約時：支払い（8月1日）

（支払家賃）	27,000	（現　　金）	27,000

支払家賃

借方	貸方
8/1 支払 27,000円	

前払家賃

借方	貸方

②　決算整理

家賃は、前期から継続的に1年分を前払いしているため、前期において支払われた家賃のうち当期の4か月分（9,000円）を前払家賃（資産）として処理します。

（前払家賃）(＊)9,000		（支払家賃）	9,000

（＊）$27{,}000円 \times \frac{4か月}{12か月} = 9{,}000円$

支払家賃

借方	貸方
8/1 支払 27,000円	3/31 前払 9,000円

（18,000円）

前払家賃

借方	貸方
3/31 前払 9,000円	

(ii)　支払利息・未払利息

①　契約時：利息の支払いなし（2月1日）

（借入金の仕訳、転記は省略します）

支払利息

借方	貸方

未払利息

借方	貸方

②　決算整理

前期に借入れを行った後、最初の利息の支払日が当期の1月31日であるため、前期に経過した2か月分（1,000円）を未払利息（負債）として処理します。

（支払利息）	1,000	（未払利息）(＊)	1,000

（＊）$200{,}000円 \times 3\% \times \frac{2か月}{12か月} = 1{,}000円$

支払利息

借方	貸方
3/31 未払 1,000円	

未払利息

借方	貸方
	3/31 未払 1,000円

③　帳簿の締め切り（決算振替仕訳、繰越記入）

支払家賃の残高18,000円（8か月分）は、決算振替仕訳をして損益勘定へ振り替えます。

前払分9,000円は、前払家賃勘定で次期繰越と記入されます。

（損　　益）	18,000	（支払家賃）	18,000

支払家賃

借方	貸方
8/1 支払 27,000円	3/31 前払 9,000円
	3/31 損益 18,000円

前払家賃

借方	貸方
3/31 前払 9,000円	3/31 次期繰越 9,000円

③　帳簿の締め切り（決算振替仕訳、繰越記入）

支払利息の残高1,000円（2か月分）は、決算振替仕訳をして損益勘定へ振り替えます。

未払分1,000円は、未払利息勘定で次期繰越と記入されます。

（損　　益）	1,000	（支払利息）	1,000

支払利息

借方	貸方
3/31 未払 1,000円	3/31 損益 1,000円

未払利息

借方	貸方
3/31 次期繰越 1,000円	3/31 未払 1,000円

2．開始記入（当期首の勘定残高）

(i)　支払家賃・前払家賃

前払分9,000円が前払家賃勘定に前期繰越と記入されています。

支払家賃

借方	貸方

前払家賃

借方	貸方
4/1 前期繰越 9,000円	

（9,000円）

(ii)　支払利息・未払利息

未払分1,000円が未払利息勘定に前期繰越と記入されています。

支払利息

借方	貸方

未払利息

借方	貸方
	4/1 前期繰越 1,000円

（1,000円）

3．再振替仕訳（当期首4月1日）

(i)　支払家賃・前払家賃

前払分9,000円を支払家賃勘定へ戻します。

（支払家賃）	9,000	（前払家賃）	9,000

支払家賃

借方	貸方
4/1 再振替仕訳 9,000円	

前払家賃

借方	貸方
4/1 前期繰越 9,000円	4/1 再振替仕訳 9,000円

(ii)　支払利息・未払利息

未払分1,000円を支払利息勘定へ戻します。

（未払利息）	1,000	（支払利息）	1,000

支払利息

借方	貸方
	4/1 再振替仕訳 1,000円

未払利息

借方	貸方
4/1 再振替仕訳 1,000円	4/1 前期繰越 1,000円

4．営業仕訳（当期における支払い）

（i）支払家賃・前払家賃（8月1日）

1年分の家賃27,000円を前払いします。

（支払家賃）	27,000	（現　　金）	27,000

支払家賃

4/1 再振替仕訳 9,000円	
8/1 支払 27,000円	

ⓒ前T/B 36,000円

前払家賃

4/1 前期繰越 9,000円	4/1 再振替仕訳 9,000円

ⓐ前T/B　0円

（ii）支払利息・未払利息（1月31日）

1年分の利息を後払いします。

（支払利息）（＊）6,000		（現　　金）	6,000

（＊）200,000円×3％＝6,000円

支払利息

1/31 支払 6,000円	4/1 再振替仕訳 1,000円

ⓓ前T/B 5,000円

未払利息

4/1 再振替仕訳 1,000円	4/1 前期繰越 1,000円

ⓑ前T/B　0円

決算整理前残高試算表

	借　　方	勘 定 科 目	貸　　方
ⓐ		前 払（家 賃）	
ⓑ		未 払（利 息）	
ⓒ	36,000	支 払 家 賃	
ⓓ	5,000	支 払 利 息	

5．決算整理仕訳

（i）支払家賃・前払家賃

当期において支払われた家賃のうち翌期の4か月分を前払家賃（資産）として処理します。なお、支払家賃の勘定残高は、当期首の再振替仕訳による9,000円（4か月分）と当期の支払いによる27,000円（12か月分）の合計36,000円（16か月分）です。そのため、このうちの4か月分を前払家賃（資産）として処理します。

（前払家賃）（＊）9,000		（支払家賃）	9,000

（＊）36,000円〈前T/B〉$\times \dfrac{4か月}{16か月}$＝9,000円

（ii）支払利息・未払利息

当期の1月31日の利払日後の経過した2か月分を未払利息（負債）として処理します。なお、支払利息の勘定残高は、当期首の再振替仕訳による1,000円（2か月分）と当期の支払いによる6,000円（12か月分）の差額5,000円（10か月分）です。そのため、2か月分を未払利息（負債）として処理します。

（支払利息）	1,000	（未払利息）（＊）	1,000

（＊）5,000円〈前T/B〉$\times \dfrac{2か月}{10か月}$＝1,000円

支払家賃

4/1 再振替仕訳 9,000円	3/31 前払 9,000円
8/1 支払 27,000円	ⓖ後T/B 27,000円

前払家賃

4/1 前期繰越 9,000円	4/1 再振替仕訳 9,000円
	3/31 前払 9,000円

ⓔ後T/B 9,000円

支払利息

1/31 支払 6,000円	4/1 再振替仕訳 1,000円
	3/31 未払 1,000円

ⓗ後T/B 6,000円

未払利息

4/1 再振替仕訳 1,000円	4/1 前期繰越 1,000円
ⓕ後T/B 1,000円	3/31 未払 1,000円

決算整理後残高試算表

	借　　方	勘 定 科 目	貸　　方
ⓔ	9,000	前 払（家 賃）	
ⓕ		未 払（利 息）	1,000
ⓖ	27,000	支 払 家 賃	
ⓗ	6,000	支 払 利 息	

第3問

「損益勘定」「繰越利益剰余金勘定」「貸借対照表（B/S）」を作成する問題です。

1．現金過不足の処理

決算時に現金超過が判明したので、現金勘定を増加させ、原因不明分は雑益勘定または雑収入勘定で処理します。

（現　　　金）	500	（受 取 利 息）	300
		（雑　　　益）	200

損益勘定「受取利息」：1,800円＋300円＝2,100円

B/S「現金」：24,080円＋500円＝24,580円

2．当座借越の処理

当座預金の貸方残高は実質的には短期の借入金にあたるため、決算整理にて「当座借越」「借入金」などの適切な勘定へ振り替えます。本問では答案用紙の貸借対照表科目に従い「借入金」とします。

（当 座 預 金）	10,100	（借　入　金）	10,100

B/S「借入金」：50,000円（試算表・借入金）＋10,100円＝60,100円

3．仮受金の整理

商品代金の内金であったことが判明したので、前受金勘定に振り替えます。

（仮　受　金）	2,000	（前　受　金）	2,000

4．仮払金の整理

水道光熱費の支払いであったことが判明したので、水道光熱費勘定に振り替えます。

（水 道 光 熱 費）	1,500	（仮　払　金）	1,500

損益勘定「水道光熱費」：25,000円＋1,500円＝26,500円

5．保険の解約による未収入金勘定への振り替え

問題文の指示に従い、7月1日に支払った向こう1年分の保険料31,200円のうち、解約により月割で返金される3か月分（4月1日から6月30日まで）の保険料を、保険料勘定から未収入金勘定へ振り替えます。

① 7月1日（支払時）

（保　険　料）	31,200	（現 金 な ど）	31,200

② 本問の処理

（未 収 入 金）	7,800	（保　険　料）（＊）	7,800

（＊） $31{,}200円 \times \frac{3か月}{12か月} = 7{,}800円$

損益勘定「保険料」：31,200円－7,800円＝23,400円

B/S「未収入金」：7,800円

6．貸倒引当金の設定

受取手形と売掛金に対して2％の貸倒引当金を設定します。

（貸倒引当金繰入）（＊）	660	（貸 倒 引 当 金）	660

（＊） 受取手形27,000円×2％＝　540円…B/S

売 掛 金36,000円×2％＝　720円…B/S

△600円（貸倒引当金残高）

660円（損益勘定「貸倒引当金繰入」）

7．売上原価の算定

（仕　　入）	67,500	（繰 越 商 品）	67,500
（繰 越 商 品）	69,100	（仕　　入）	69,100

損益勘定「仕入」：408,600円（試算表・仕入）＋67,500円－69,100円＝407,000円

B/S「商品」：69,100円

8．減価償却費

（減 価 償 却 費）（＊）	6,000	（備品減価償却累計額）	6,000

（＊） 30,000円÷5年＝6,000円

B/S「減価償却累計額」：12,000円＋6,000円＝18,000円

9．未払家賃

支払家賃2,200円を当期の費用として未払家賃（負債）を計上します。

（支 払 家 賃）	2,200	（未 払 家 賃）	2,200

損益勘定「支払家賃」：24,200円＋2,200円＝26,400円

B/S「未払費用」：2,200円

10．法人税、住民税及び事業税の計上

当期の法人税等の確定額を法人税、住民税及び事業税（費用）として計上します。期中に仮払法人税等が計上されている場合には、これを取り崩し、残額を未払法人税等（負債）として計上します。

（法人税、住民税及び事業税）	6,000	（仮 払 法 人 税 等）	2,500
		（未 払 法 人 税 等）（＊）	3,500

（＊） 6,000円－2,500円＝3,500円

11．当期純利益の計上

損益勘定の貸借差額により、当期純利益を計算して繰越利益剰余金勘定へ振り替えます。

（損　　益）（＊）	13,300	（繰越利益剰余金）	13,300

（＊） 573,800円（収益合計）－560,500円（費用合計）＝13,300円（当期純利益）

B/S「繰越利益剰余金」：48,800円＋13,300円＝62,100円

日商簿記検定試験対策

まるっと完全予想問題集

第10回

解答・解説

出題論点			難易度
第1問	仕訳問題	1定期預金、3損益振替、4未払金、5消費税の納付、6法人税等の納付、7敷金、8租税公課、9売上、10再振替仕訳、11売掛金の回収、12広告宣伝費、13電子記録債権、14貸倒れ	A
		2売上/発送費、15仕入/証ひょう	B
第2問	(1)勘定記入（貯蔵品）		A
	(2)商品売買・仕入先元帳		A
第3問	財務諸表の作成		A

〔難易度〕A：普通　B：やや難しい

第10回　解答

第1問（45点）

	借方		貸方	
	記号	金額	記号	金額
1	(ア) 定期預金	250,000	(ウ) 現金	250,000
2	(エ) 売掛金 (ア) 発送費	72,000 4,000	(ウ) 売上 (オ) 現金	72,000 4,000
3	(イ) 損益	1,590,000	(カ) 減価償却費	1,590,000
4	(エ) 備品 (ア) 消耗品費	450,000 6,000	(オ) 未払金	456,000
5	(ウ) 未払消費税	1,200,000	(エ) 当座預金	1,200,000
6	(エ) 未払法人税等	896,000	(オ) 当座預金	896,000
7	(ア) 現金	350,000	(ウ) 差入保証金	350,000
8	(エ) 租税公課	600,000	(ア) 現金	600,000
9	(カ) 受取手形 (オ) 売掛金	250,000 410,000	(イ) 売上 (エ) 仮受消費税	600,000 60,000
10	(イ) 通信費 (ウ) 租税公課	5,000 7,000	(ア) 貯蔵品	12,000
11	(ウ) 現金	298,000	(イ) 売掛金	298,000
12	(カ) 広告宣伝費 (ア) 支払手数料	20,000 200	(ウ) 普通預金	20,200
13	(イ) 電子記録債権	30,000	(ア) 売掛金	30,000
14	(エ) 貸倒引当金	600,000	(イ) 売掛金	600,000
15	(ア) 仕入 (オ) 仮払消費税	169,000 16,900	(ウ) 買掛金	185,900

仕訳一組につき３点を与える。合計45点。

（注）実際の本試験では、記号のみを解答してください。

第2問（20点）

(1)

貯　蔵　品

4/1	前期繰越	500	(4/1)	[オ（通信費）]	〈 500 〉
(3/31)	[イ（諸　口）]	〈 6,100 〉	(3/31)	[ク（次期繰越）]	〈 6,100 〉
		〈 6,600 〉			〈 6,600 〉

消　耗　品　費

(6/4)	[ウ（当座預金）]	〈 10,000 〉	(3/31)	[キ（貯蔵品）]	〈 4,000 〉
(　)	[　]	〈　〉	(3/31)	[エ（損　益）]	〈 6,000 〉
		〈 10,000 〉			〈 10,000 〉

租　税　公　課

(5/10)	[ア（現　金）]	〈 21,000 〉	(3/31)	[キ（貯蔵品）]	〈 1,000 〉
(9/18)	[ア（現　金）]	〈 15,000 〉	(3/31)	[エ（損　益）]	〈 35,000 〉
		〈 36,000 〉			〈 36,000 〉

通　信　費

(4/1)	[キ（貯蔵品）]	〈 500 〉	(3/31)	[キ（貯蔵品）]	〈 1,100 〉
(7/10)	[ア（現　金）]	〈 3,000 〉	(3/31)	[エ（損　益）]	〈 10,400 〉
(9/18)	[ア（現　金）]	〈 8,000 〉	(　)	[　]	〈　〉
		〈 11,500 〉			〈 11,500 〉

（注）実際の本試験では、記号のみを解答してください。

(2)

問1

① 先入先出法を採用した場合

売上高	¥	630,000
売上原価	¥	269,750
売上総利益	¥	360,250

② 移動平均法を採用した場合

売上高	¥	630,000
売上原価	¥	267,200
売上総利益	¥	362,800

問2

仕入先元帳

熊本株式会社

×21年		摘要	借方	貸方	借/貸	残高
5	1	前月繰越		15,000	貸	15,000
	11	**仕入**		54,000	〃	69,000
	31	**現金支払**	60,000		〃	9,000
	31	次月繰越	9,000			
			69,000	69,000		
6	1	前月繰越		9,000	**貸**	9,000

［　　］1つにつき2点を与える。合計20点。

第3問（35点）

損益計算書

○○株式会社　×5年（4）月（1）日～×6年（3）月（31）日　（単位：円）

費用	金額	収益	金額
売上原価	（530,000）	売上高	（960,000）
給料	（49,000）	受取手数料	（47,800）
広告宣伝費	（36,000）		
支払家賃	（84,000）		
租税公課	（25,000）		
旅費交通費	（14,600）		
貸倒引当金繰入	（2,400）		
減価償却費	（36,000）		
支払利息	（27,700）		
法人税、住民税及び事業税	（100,000）		
当期純利益	（103,100）		
	（1,007,800）		（1,007,800）

貸借対照表

○○株式会社　×6年（3）月（31）日　（単位：円）

資産	金額		負債及び純資産	金額
現金		（678,900）	支払手形	（276,000）
当座預金		（801,000）	買掛金	（196,000）
受取手形	（168,000）		借入金	（200,000）
貸倒引当金	（△ 3,360）	（164,640）	未払消費税	（42,800）
売掛金	（192,000）		（**未払**）費用	（3,600）
貸倒引当金	（△ 3,840）	（188,160）	未払法人税等	（100,000）
商品		（72,000）	資本金	（1,000,000）
貯蔵品		（8,000）	繰越利益剰余金	（303,100）
（**前払**）費用		（60,000）		
（**未収**）収益		（4,800）		
備品	（216,000）			
減価償却累計額	（△ 72,000）	（144,000）		
		（2,121,500）		（2,121,500）

［　　］1つにつき3点、［　　］1つにつき2点を与える。合計35点。

第10回　解説

第1問

1．現金を定期預金口座へ預け入れたときには、現金勘定から定期預金勘定の借方へ振り替えます。
2．発送費用については、当社が負担する旨の指示があるため、売掛金勘定と売上勘定には含めず、発送費勘定で処理するのみとなります。よって、売掛金勘定の借方と売上勘定の貸方に、発送費用を含まない商品の金額である72,000円を記入します。なお、発送費用は現金で支払っているので、発送費勘定の借方と現金勘定の貸方に記入します。
3．費用勘定の決算整理後の残高は、損益勘定の借方へ振り替えます。
4．事務用のノートパソコンを購入したときには、備品勘定の借方に記入します。また、コピー用紙を購入したときには、消耗品費勘定の借方に記入します。なお、商品以外の代金を後日支払うときには、未払金勘定の貸方に記入します。
5．未払い計上していた消費税は確定申告において納付します。納付したときは、未払消費税勘定の借方に記入します。また、本問では当座預金口座から支払っているため、当座預金勘定の貸方に記入します。
6．確定申告を行い法人税等を納付したときには、未払法人税等勘定の借方に記入します。
7．敷金の返却を受けたときには、差入保証金勘定の貸方に記入します。
8．固定資産税を納付したときには、租税公課勘定の借方に記入します。なお、納付書を受け取ってただちに現金で支払っているため、貸方は現金勘定とします。
9．商品を売り上げたときには、税抜方式では、受け取った消費税額を仮受消費税勘定で処理します。なお、税抜方式とは、支払った消費税や受け取った消費税を仕入勘定や売上勘定に含めずに処理する方法をいいます。代金のうち他社振出しの約束手形を受け取ったときには、受取手形勘定の借方に記入し、掛けとした場合には売掛金勘定の借方に記入します。
10．再振替仕訳にあたって、切手の未使用分については、貯蔵品勘定から通信費勘定の借方へ振り替えます。また、収入印紙の未使用分については、貯蔵品勘定から租税公課勘定の借方へ振り替えます。
11．売掛金を回収したときには、売掛金勘定の貸方に記入します。なお、普通為替証書（郵便為替証書）や他社振出小切手といった通貨代用証券を受け取ったときには、現金勘定の借方に記入します。
12．広告宣伝費を支払ったときには、広告宣伝費勘定の借方に記入します。また、銀行への振込手数料は支払手数料勘定の借方に記入します。
13．売掛金に代わって電子記録債権の発生記録の通知を受けた場合には、売掛金勘定から電子記録債権勘定の借方に振り替えます。
14．前期に発生した売掛金が貸し倒れたときには、売掛金勘定の貸方に記入するとともに、貸倒引当金を取り崩すため、貸倒引当金勘定の借方に記入します。
15．商品を仕入れたときには、仕入勘定の借方に記入します。また、代金は後日支払うため、

買掛金勘定の貸方に記入します。商品の仕入れにともなう消費税は、仮払消費税勘定の借方に記入します。
　なお、仕入代金および消費税の金額については、請求書から読み取ります。

第2問

(1)　**勘定記入**

日付順に取引の仕訳を示すと次のとおりです。

①　×3年4月1日　再振替仕訳
貯蔵品勘定の前期繰越500円を通信費勘定に振り替えます。

（通　信　費）	500	（貯　蔵　品）	500

②　×3年5月10日　収入印紙の購入

（租　税　公　課）	21,000	（現　　金）	21,000

③　×3年6月4日　コピー用紙の購入

（消　耗　品　費）	10,000	（当　座　預　金）	10,000

④　×3年7月10日　郵便切手の購入

（通　信　費）	3,000	（現　　金）	3,000

⑤　×3年9月18日　収入印紙および郵便切手の購入

（租　税　公　課）	15,000	（現　　金）(＊)	23,000
（通　信　費）	8,000		

（＊）　15,000円＋8,000円＝23,000円
収入印紙　郵便切手

⑥　×4年3月31日　貯蔵品の処理（決算整理仕訳）
決算時点で未使用の収入印紙と郵便切手とコピー用紙を、貯蔵品勘定に振り替えます。

（貯　蔵　品）(＊)	6,100	（租　税　公　課）	1,000
		（通　信　費）	1,100
		（消　耗　品　費）	4,000

（＊）　1,000円＋1,100円＋4,000円＝6,100円
収入印紙　郵便切手　消耗品費

⑦　×4年3月31日　損益勘定への振り替え（決算振替仕訳）
租税公課勘定の決算整理後残高35,000円、通信費勘定の決算整理後残高10,400円および消耗品費勘定の決算整理後残高6,000円を、損益勘定に振り替えて、それぞれの勘定を締め切ります。

（損　　益）(＊)	51,400	（租　税　公　課）	35,000
		（通　信　費）	10,400
		（消　耗　品　費）	6,000

（＊）　35,000円＋10,400円＋6,000円＝51,400円
収入印紙　郵便切手　消耗品費

⑧　×4年３月31日　資産勘定の締め切り

貯蔵品勘定の決算整理後の借方残高6,100円を、貸方に「次期繰越」と記入し、借方と貸方の合計金額を一致させて締め切ります。なお、仕訳は不要です。

⑵　**商品売買**

1．売上総利益の計算

(i)　売上高の計算

福岡株式会社では長崎株式会社に対してのみ商品を販売していますが、注文を受けただけでは売上の計上はしません。売上の計上は商品の引き渡し（発送）が行われたときになります。５月の販売数量（発送:商品引き渡し）は12日の80個と26日の130個なので、売上高は次のようになります。

５月の売上高：630,000円＝@3,000円〈販売単価〉×80個＋@3,000円〈販売単価〉×130個

(ii)　売上原価の計算

売上原価（引き渡した計210個分の商品原価）の計算方法にはいろいろありますが、先入先出法と移動平均法の２方法が３級の出題範囲とされています。売上原価の計算のためには計算方法の理解と商品有高帳の記入が必要となります。また、商品有高帳は売上原価の計算方法の選択によって記入方法が異なります。

①　先入先出法

先入先出法とは、先に仕入れた古いものから先に払い出されると仮定して、払出欄の記入を行う方法です。そのため、同じ種類の商品を異なる単価で仕入れた場合は、商品有高帳に残高を記入する際に単価の異なるものを区別して記録し、カッコでくくります。

また、商品が販売されたときは、その時点での残高を確認しながら払出欄に記入します。なお、単価の異なる商品を払い出した場合も区別して記録し、カッコでくくります。

②　移動平均法

移動平均法とは、同じ種類の商品を異なる単価で仕入れたとき、平均単価で残高欄の記入を行う方法です。平均単価は残高欄の金額合計を残高欄の数量合計で除して求めます。

また、商品が販売されたときは、平均単価で払出欄に記入します（移動平均法の商品有高帳の記入ではカッコは用いません）。

×21年５月の福岡株式会社の商品有高帳を①先入先出法、②移動平均法のそれぞれで記入し、払出高（売上原価）を計算します。

①　先入先出法

商　品　有　高　帳

×21年		摘　要	受入			払出			残高		
			数量	単価	金額	数量	単価	金額	数量	単価	金額
5	1	前月繰越	40	1,250	50,000				40	1,250	50,000
	11	仕　入	40	1,350	54,000				40	1,250	50,000
									40	1,350	54,000
	〃	仕　入	80	1,350	108,000				40	1,250	50,000
									120	1,350	162,000
	12	売　上				40	1,250	50,000			
						40	1,350	54,000	80	1,350	108,000
	23	仕　入	20	1,155	23,100				80	1,350	108,000
									20	1,155	23,100
	25	仕　入	60	1,155	69,300				80	1,350	108,000
									80	1,155	92,400
	26	売　上				80	1,350	108,000			
						50	1,155	57,750	30	1,155	34,650
	31	次月繰越				30	1,155	34,650			
			240		304,400	240		304,400			

売上原価（払出欄の合計）：269,750円＝（50,000円＋54,000円）＋（108,000円＋57,750円）
　　　　12日分　　　　　　26日分

② 移動平均法

商品有高帳

×21年		摘要	受入			払出			残高		
			数量	単価	金額	数量	単価	金額	数量	単価	金額
5	1	前月繰越	40	1,250	50,000				40	1,250	50,000
	11	仕入	40	1,350	54,000				80	1,300	104,000
	〃	仕入	80	1,350	108,000				160	1,325	212,000
	12	売上				80	1,325	106,000	80	1,325	106,000
	23	仕入	20	1,155	23,100				100	1,291	129,100
	25	仕入	60	1,155	69,300				160	1,240	198,400
	26	売上				130	1,240	161,200	30	1,240	37,200
	31	次月繰越				30	1,240	37,200			
			240		304,400	240		304,400			

売上原価（払出欄の合計）：267,200円=106,000円（12日分）+161,200円（26日分）

2．仕入先元帳の記入

仕入先元帳は買掛金の相手先別の増減額を記入する補助簿であり、相手先別に口座が設けられます。本問は熊本株式会社についての問題ですから、熊本株式会社との取引のみを記入します（25日の仕入は小切手の振り出しによる支払いであり、買掛金の増減には関係ありません）。

（記帳について）

摘要欄は取引の内容を「仕入」「現金支払」と簡潔に記入します。買掛金は負債ですから、増加金額（11日の掛け仕入54,000円）は貸方欄、減少金額（31日の現金払い60,000円）は借方欄に記入し、現在の残高をそのつど計算し残高欄に記入します。借/貸欄には、残高が借方側にあるか貸方側にあるかの区別を記入します。なお、負債の残高は原則として「貸」となります。

第3問

1．決算整理前各勘定残高の空欄推定

(1) 備品減価償却累計額

決算整理前「備品減価償却累計額」の残高：$216{,}000円 \times \frac{1年}{6年} = 36{,}000円$

(2) 現金

上記を含む各勘定残高を貸借に分けて合計し、差額で現金の残高を算出します。

∴貸方残高2,957,800円－借方残高2,278,900円＝678,900円

2．貸倒引当金の設定

貸倒引当金勘定の残高が、売上債権（受取手形と売掛金）期末残高の2％になるように、差額を補充します。

（貸倒引当金繰入）(＊)	2,400	（貸倒引当金）	2,400

（＊）（T/B受取手形168,000円＋T/B売掛金192,000円）×2％＝設定額7,200円
7,200円－T/B貸倒引当金4,800円＝繰入額2,400円

B/S　貸倒引当金（受取手形）：168,000円×2％＝3,360円

B/S　貸倒引当金（売掛金）：192,000円×2％＝3,840円

3．仕入（未処理事項）

仕入について未処理であるため、仕入を計上し、消費税分は仮払消費税で処理します。なお、軽減税率が適用されているため、消費税率8％であることに注意しましょう。

（仕入）	50,000	（買掛金）	54,000
（仮払消費税）(＊)	4,000		

（＊）50,000円×8％＝4,000円

B/S　買掛金：142,000円＋54,000円＝196,000円

4．旅費交通費の計上（仮払金の精算）

旅費交通費のうち、概算払分については仮払金から振り替え、超過分については、当座預金を減少させます。

（旅費交通費）	10,600	（仮払金）	10,000
		（当座預金）	600

P/L　旅費交通費：4,000円＋10,600円＝14,600円

5．売上原価の計算

仕入勘定で売上原価を算定し、繰越商品勘定を期末商品棚卸高にします。

（仕入）(＊)	60,000	（繰越商品）	60,000
（繰越商品）	72,000	（仕入）	72,000

（＊）T/B繰越商品（期首商品棚卸高）

P/L　売上原価：492,000円＋50,000円（上記3.）＋60,000円－72,000円＝530,000円

6．備品の減価償却

備品について、定額法による減価償却を行います。なお、残存価額は0（ゼロ）のため、取得原価を耐用年数で除して計算します。

（減価償却費）(＊)	36,000	（備品減価償却累計額）	36,000

（＊）　T／B備品216,000円÷6年＝減価償却費36,000円

B／S　減価償却累計額：36,000円＋36,000円＝72,000円

7．収益の未収

手数料の未収分を未収手数料（資産）として計上します。

(未収手数料)	4,800	(受取手数料)	4,800

P／L　受取手数料：43,000円＋4,800円＝47,800円

8．費用の前払い

支払家賃勘定の残高144,000円は、当期（×5年9月1日）に支払った12か月分（×5年9月1日〜×6年8月31日）です。したがって、次期の5か月分（×6年4月1日〜8月31日）を前払家賃（資産）として計上します。

(前払家賃)(＊)	60,000	(支払家賃)	60,000

（＊）　T／B支払家賃144,000円×$\frac{5か月}{12か月}$＝前払額60,000円

P／L　支払家賃：144,000円－60,000円＝84,000円

9．費用の未払い

利息の未払分を未払利息（負債）として計上します。

(支払利息)	3,600	(未払利息)	3,600

P／L　支払利息：24,100円＋3,600円＝27,700円

10. 貯蔵品への振り替え

収入印紙の未使用高を貯蔵品（資産）として、租税公課勘定から振り替えます。

(貯蔵品)	8,000	(租税公課)	8,000

P／L　租税公課：33,000円－8,000円＝25,000円

11. 消費税（税抜方式）の処理

仮受消費税と仮払消費税を相殺し、差額を未払消費税（負債）として計上します。

(仮受消費税)	96,000	(仮払消費税)(＊)	53,200
		(未払消費税)	42,800

（＊）　T／B仮払消費税49,200円＋4,000円＝53,200円
上記3.

12. 法人税等の処理

法人税等の未払分を未払法人税等（負債）として計上します。

(法人税、住民税及び事業税)	100,000	(未払法人税等)	100,000

（105）

13. 損益計算書および貸借対照表

決算整理前の総勘定元帳の金額に、仕訳の金額を加減算した修正後の勘定残高を資産、負債、資本（純資産）、および収益、費用に分類します。資産、負債、資本（純資産）は貸借対照表へ、収益、費用は損益計算書へ記入します。

(1) 損益計算書記入上の注意

① 表題下に「会計期間」を表示します。

② 「売上」勘定残高は、「売上高」と表示します。

③ 「仕入」勘定残高は、「売上原価」と表示します。

④ 貸借差額を当期純損益として表示します。

当期純利益：収益合計1,007,800円－費用合計904,700円＝103,100円

(2) 貸借対照表記入上の注意

① 表題下に「決算日」を表示します。

② 「貸倒引当金」勘定残高は、資産の「売掛金」、「受取手形」から個別に控除する形式で表示します。なお、売上債権の合計額から一括して控除する方法などもあります。

③ 「繰越商品」勘定残高は、「商品」と表示します。

④ 「減価償却累計額」勘定残高は、資産の「備品」から控除する形式で表示します。なお、複数の固定資産を所有している場合は、それぞれの固定資産から控除する形式で表示しますが、固定資産の合計額から減価償却累計額の合計額を一括して控除する方法などもあります。

⑤ 費用の前払額は「前払費用」、収益の前受額は「前受収益」、費用の未払額は「未払費用」、収益の未収額は「未収収益」と表示します。

（106）

MEMO

MEMO

2024年度版《ねんどばん》
日商《にっしょう》簿記《ぼき》3級《きゅう》　まるっと完全《かんぜん》予《よ》想問題集《そうもんだいしゅう》

（2012年度版日商簿記3級網羅型完全予想問題集　2012年10月1日　初　版　第1刷発行）
2024年3月14日　初　版　第1刷発行
2024年10月5日　　　　　第2刷発行

編　著　者　ＴＡＣ株式会社
（簿記検定講座）
発　行　者　多　田　敏　男
発　行　所　TAC株式会社　出版事業部
（TAC出版）

〒101-8383
東京都千代田区神田三崎町3-2-18
電 話 03(5276)9492(営業)
FAX 03(5276)9674
https://shuppan.tac-school.co.jp

組　　版　朝日メディアインターナショナル株式会社
印　　刷　今家印刷株式会社
製　　本　東京美術紙工協業組合

ISBN 978-4-300-11012-6
N.D.C. 336

簿記検定講座のご案内

選べる学習メディアでご自身に合うスタイルでご受講ください!

通学講座

3級コース / 3・2級コース / 2級コース / 1級コース / 1級上級コース

教室講座

通って学ぶ

定期的な日程で通学する学習スタイル。常に講師と接することができるという教室講座の最大のメリットがありますので、疑問点はその日のうちに解決できます。また、勉強仲間との情報交換も積極的に行えるのが特徴です。

ビデオブース講座

通って学ぶ　予約制

ご自身のスケジュールに合わせて、TACのビデオブースで学習するスタイル。日程を自由に設定できるため、忙しい社会人に人気の講座です。

直前期教室出席制度
直前期以降、教室受講に振り替えることができます。

無料体験入学
ご自身の目で、耳で体験し納得してご入学いただくために、無料体験入学をご用意しました。

無料講座説明会
もっとTACのことを知りたいという方は、無料講座説明会にご参加ください。

無　料

予約不要※

※ビデオブース講座の無料体験入学は要予約。
無料講座説明会は一部校舎では要予約。

通信講座

3級コース / 3・2級コース / 2級コース / 1級コース / 1級上級コース

Web通信講座

スマホやタブレットにも対応　見て学ぶ

教室講座の生講義をブロードバンドを利用し動画で配信します。ご自身のペースに合わせて、24時間いつでも何度でも繰り返し受講することができます。また、講義動画はダウンロードして2週間視聴可能です。有効期間内は何度でもダウンロード可能です。

※Web通信講座の配信期間は、お申込コースの目標月の翌月末までです。

TAC WEB SCHOOL ホームページ
URL https://portal.tac-school.co.jp/

※お申込み前に、左記のサイトにて必ず動作環境をご確認ください。

DVD通信講座

見て学ぶ

講義を収録したデジタル映像をご自宅にお届けします。講義の臨場感をクリアな画像でご自宅にて再現することができます。

※DVD-Rメディア対応のDVDプレーヤーでのみ受講が可能です。
パソコンやゲーム機での動作保証はいたしておりません。

資料通信講座（1級のみ）

テキスト・添削問題を中心として学習します。

Webでも無料配信中!　スマホ タブレット　パソコン

「TAC動画チャンネル」

- 講座説明会　※収録内容の変更のため、配信されない期間が生じる場合がございます。
- 1回目の講義（前半分）が視聴できます

詳しくは、TACホームページ
「TAC動画チャンネル」をクリック!

TAC動画チャンネル　簿記　検索

コースの詳細は、簿記検定講座パンフレット・TACホームページをご覧ください。

パンフレットのご請求・お問い合わせは、TACカスタマーセンターまで

通話無料　0120-509《ゴウカク》-117《イイナ》

受付時間　月～金 9:30～19:00
土・日・祝 9:30～18:00

※携帯電話からもご利用になれます。

TAC簿記検定講座ホームページ

TAC 簿記　検索

会計業界の就職サポートは
安心のTAC
TACキャリアエージェントなら
BIG4・国内大手法人
就職支援実績多数!
税理士学習中の方
日商簿記学習中の方
会計士／USCPA学習中の方
会計業界で就業中の方で転職をお考えの方
会計業界でのお仕事に興味のある方
「残業なしで勉強時間を確保したい…」
「簿記３級から始められる仕事はあるの？」
といったご相談も大歓迎です！

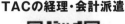

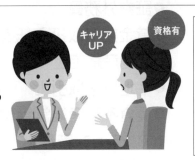

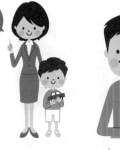

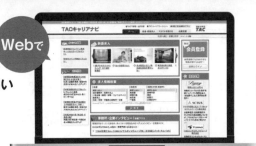

TAC出版

コンセプト問題集

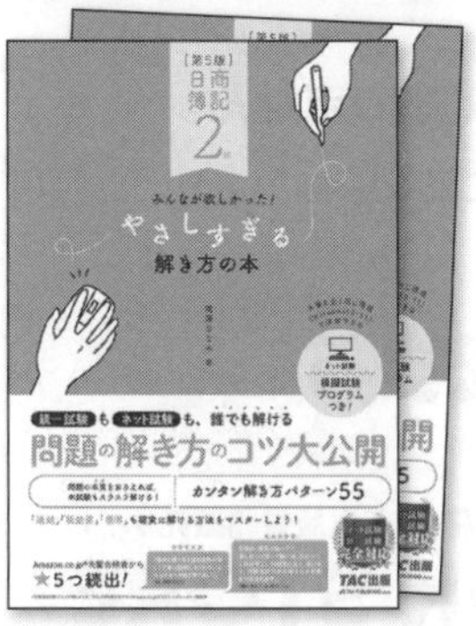

●得点力をつける！

『みんなが欲しかった！ やさしすぎる解き方の本』

B5判　滝澤 ななみ 著

● 授業で解き方を教わっているような新感覚問題集。再受験にも有効。

◆3級　□2級

本試験対策問題集

●本試験タイプの問題集

『合格するための本試験問題集』
（1級は過去問題集）

B5判

● 12回分（1級は14回分）の問題を収載。ていねいな「解答への道」、各問対策が充実
● 年２回刊行。

◆3級　□2級　■1級

●知識のヌケをなくす！

『まるっと完全予想問題集』
（1級は網羅型完全予想問題集）

A4判

● オリジナル予想問題（3級10回分、2級12回分、1級8回分）で本試験の重要出題パターンを網羅。
● 実力養成にも直前の本試験対策にも有効。

◆3級　□2級　■1級

直前予想

『○年度試験をあてる TAC予想模試 ＋解き方テキスト ○～○月試験対応』
（1級は第○回試験をあてるTAC直前予想模試）

A4判

● TAC講師陣による4回分の予想問題で最終仕上げ。
● 2級・3級は、第1部解き方テキスト編、第2部予想模試編の2部構成。
● 年3回（1級は年2回）、各試験に向けて発行します。

◆3級　□2級　■1級

あなたに合った合格メソッドをもう一冊！

仕訳 **『究極の仕訳集』**
B6変型判
● 悩む仕訳をスッキリ整理。ハンディサイズ、一問一答式で基本の仕訳を一気に覚える。
◆3級　□2級

仕訳 **『究極の計算と仕訳集』**
B6変型判　境 浩一朗 著
● 1級商会で覚えるべき計算と仕訳がすべてつまった1冊！
■1級 商・会

理論 **『究極の会計学理論集』**
B6変型判
● 会計学の理論問題を論点別に整理、手軽なサイズが便利です。
■1級 商・会、全経上級

電卓 **『カンタン電卓操作術』**
A5変型判　TAC電卓研究会 編
● 実践的な電卓の操作方法について、丁寧に説明します！

：ネット試験の演習ができる模擬試験プログラムつき（2級・3級）

：スマホで使える仕訳Webアプリつき（2級・3級）

・2024年２月現在　・刊行内容、表紙等は変更することがあります　・とくに記述がある商品以外は、TAC簿記検定講座編です

書籍の正誤に関するご確認とお問合せについて

書籍の記載内容に誤りではないかと思われる箇所がございましたら、以下の手順にてご確認とお問合せをしてくださいますよう、お願い申し上げます。

なお、正誤のお問合せ以外の**書籍内容に関する解説および受験指導などは、一切行っておりません。**
そのようなお問合せにつきましては、お答えいたしかねますので、あらかじめご了承ください。

1 「Cyber Book Store」にて正誤表を確認する

TAC出版書籍販売サイト「Cyber Book Store」の
トップページ内「正誤表」コーナーにて、正誤表をご確認ください。

CYBER BOOK STORE TAC出版書籍販売サイト

URL:https://bookstore.tac-school.co.jp/

2 1の正誤表がない、あるいは正誤表に該当箇所の記載がない ⇒ 下記①、②のどちらかの方法で文書にて問合せをする

★ご注意ください★

お電話でのお問合せは、お受けいたしません。

①、②のどちらの方法でも、お問合せの際には、「お名前」とともに、
「対象の書籍名(○級・第○回対策も含む)およびその版数(第○版・○○年度版など)」
「お問合せ該当箇所の頁数と行数」
「誤りと思われる記載」
「正しいとお考えになる記載とその根拠」
を明記してください。
なお、回答までに1週間前後を要する場合もございます。あらかじめご了承ください。

① ウェブページ「Cyber Book Store」内の「お問合せフォーム」より問合せをする

【お問合せフォームアドレス】

https://bookstore.tac-school.co.jp/inquiry/

② メールにより問合せをする

【メール宛先 TAC出版】

syuppan-h@tac-school.co.jp

※土日祝日はお問合せ対応をおこなっておりません。
※正誤のお問合せ対応は、該当書籍の改訂版刊行月末日までといたします。

乱丁・落丁による交換は、該当書籍の改訂版刊行月末日までといたします。なお、書籍の在庫状況等により、お受けできない場合もございます。
また、各種本試験の実施の延期、中止を理由とした本書の返品はお受けいたしません。返金もいたしかねますので、あらかじめご了承くださいますようお願い申し上げます。

TACにおける個人情報の取り扱いについて

■お預かりした個人情報は、TAC(株)で管理させていただき、お問合せへの対応、当社の記録保管にのみ利用いたします。お客様の同意なしに業務委託先以外の第三者に開示、提供することはございません(法令等により開示を求められた場合を除く)。その他、個人情報保護管理者、お預かりした個人情報の開示等及びTAC(株)への個人情報の提供の任意性については、当社ホームページ(https://www.tac-school.co.jp)をご覧いただくか、個人情報に関するお問い合わせ窓口(E-mail:privacy@tac-school.co.jp)までお問合せください。

(2022年7月現在)

別冊①

問題用紙・答案用紙

第1回～第5回

※使い方は中面をご覧ください

答案用紙はダウンロードもご利用いただけます。
TAC出版書籍販売サイト・サイバーブックストアにアクセスしてください。
https://bookstore.tac-school.co.jp/

問題・答案用紙の使い方

この冊子には、問題用紙と答案用紙がとじ込まれています。下記を参考に、第１回から第５回までの問題用紙・答案用紙に分けてご利用ください。

STEP1

一番外側の色紙を残して、
問題用紙・答案用紙の冊子を取り外してください。

STEP2

取り外した冊子を開いて真ん中にあるホチキスの針を、定規やホチキスの針外し（ステープルリムーバーなど）を利用して取り外してください。

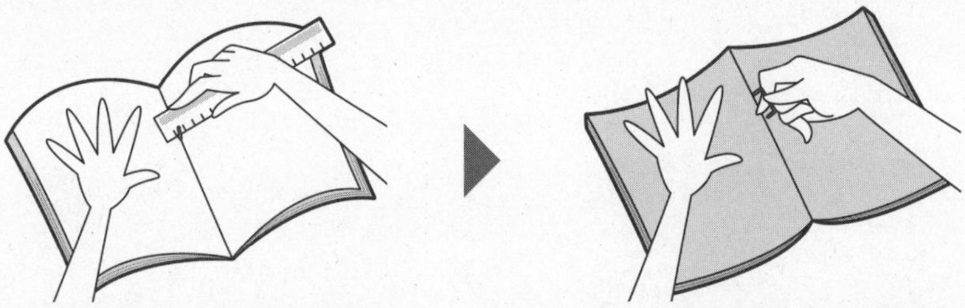

ホチキスの針を引き起こして　　ホチキスの針を２つとも外す

STEP3

第１回から第５回までに分ければ準備完了です。

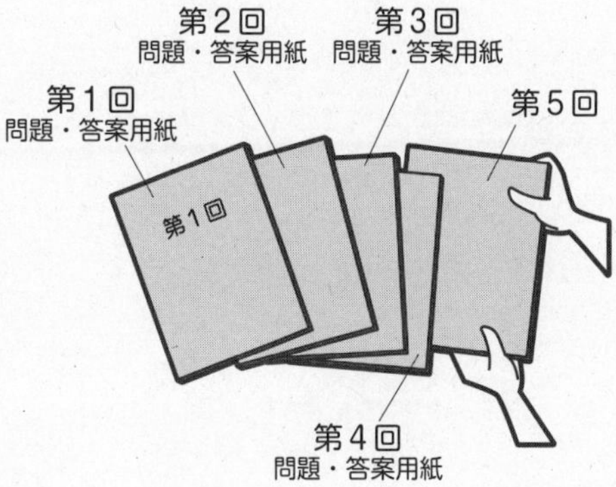

- 作業中のケガには十分お気をつけください。
- 取り外しの際の損傷についてのお取り替えはご遠慮願います。

答案用紙はダウンロードもご利用いただけます。
TAC出版書籍販売サイト、サイバーブックストアにアクセスしてください。

TAC出版　検索

3級

日商簿記検定試験対策
まるっと完全予想問題集
問題用紙

（制限時間　60分）

第1回

TAC簿記検定講座

第1問（45点）

下記の各取引について仕訳しなさい。ただし、勘定科目は、設問ごとに最も適当と思われるものを選び、答案用紙の（　）の中に記号で解答すること。なお、消費税は指示された問題のみ考慮すること。

1．従業員の所得税の源泉徴収税額￥155,000を普通預金口座から納付した。

ア．租税公課　イ．従業員立替金　ウ．所得税預り金　エ．普通預金　オ．現金　カ．給料

2．前期に貸倒れとして処理していた岐阜株式会社に対する売掛金￥150,000のうち、￥60,000を現金で回収することができたので、ただちに当座預金とした。

ア．現金　イ．売掛金　ウ．償却債権取立益　エ．当座預金　オ．貸倒引当金　カ．貸倒損失

3．さきに立替払いしていた発送費の精算として、取引先から普通為替証書（郵便為替証書）￥30,000を受け取った。

ア．現金　イ．当座預金　ウ．仮払金　エ．通信費　オ．受取手形　カ．立替金

4．岡山株式会社に対する買掛金￥50,000を決済し、同社あての約束手形を振り出した。

ア．当座預金　イ．受取手形　ウ．支払手形　エ．買掛金　オ．売掛金　カ．現金

5．当社の普通預金口座へ貸付金に対する利息￥10,000が入金された。

ア．普通預金　イ．当座預金　ウ．受取利息　エ．貸付金　オ．現金　カ．受取手数料

6．商品を売り上げ、代金￥300,000のうち￥100,000を現金で受け取り、残額を掛けとした。この取引について、入金伝票を次のように記入した場合の振替伝票の仕訳を示しなさい。なお、三伝票制を採用しており、商品売買の記帳は三分法による。

入金伝票
売　上　100,000

ア．売上　イ．仕入　ウ．買掛金　エ．現金　オ．売掛金　カ．当座預金

7．群馬株式会社は設立につき１株当たり￥40,000で50株の株式を発行し、￥2,000,000の払い込みを受けた。払込金額は普通預金口座へ払い込まれた。

ア．資本金　イ．当座預金　ウ．普通預金　エ．利益準備金　オ．現金　カ．繰越利益剰余金

8．店頭における本日分の売上集計結果は以下のとおりであり、これらの合計額のうち￥15,000はクレジットカードでの決済を行い、残りは現金で受け取った。なお、信販会社への手数料（決済額の２％）も計上する。

売上集計表

×3年９月25日

品　　目	数量	単価	金額
消しゴム	14	100	￥　1,400
鉛筆（12本入）	8	450	￥　3,600
コピー用紙（500枚入）	30	700	￥ 21,000
	合　計		￥ 26,000

ア．売掛金　イ．現金　ウ．クレジット売掛金　エ．仮受金　オ．売上　カ．支払手数料

9．船橋株式会社の当期における総売上高は￥2,800,000、売上戻り高は￥110,000、地代の受取高は￥480,000、このうち決算日における前受高は￥90,000であった。また、貸付金の利息は￥180,000、決算日における未収額は￥70,000であった。よって、決算整理後の諸勘定を損益勘定に振り替えた。

ア．受取手数料　イ．売上　ウ．受取地代　エ．貸付金　オ．受取利息　カ．損益

10．従業員が出張から帰社し、旅費の精算を行った結果、さきに渡していた概算額￥150,000を超えており、従業員が不足額￥7,500を立て替えていたことが判明した。そこで、不足額については、次の給料の支払時に従業員へ支払うこととし、未払金として処理することにした。

ア．未払金　イ．未収入金　ウ．旅費交通費　エ．仮受金　オ．仮払金　カ．前払金

11．得意先長野株式会社に商品￥600,000（原価￥480,000）に送料￥9,000を加えた合計額で販売し、代金のうち￥120,000は注文の際に受け取った手付金と相殺し、残額は掛けとした。なお、商品を運送業者へ引き渡すと同時に送料￥9,000は現金で支払った。

ア．現金　イ．立替金　ウ．前受金　エ．売上　オ．売掛金　カ．発送費

12．三重株式会社は、仕入先和歌山株式会社に対する買掛金￥350,000について、同社より依頼を受けたうえで、取引銀行を通じて電子記録債務の発生記録を行った。

ア．仕入　イ．電子記録債務　ウ．電子記録債権　エ．現金　オ．支払手形　カ．買掛金

13．期首に不用になった備品（取得原価￥500,000、帳簿価額￥200,000、間接法で記帳）を￥150,000で売却し、代金は３週間後に当社指定の当座預金口座に振り込んでもらうこととした。

ア．減価償却費　イ．固定資産売却損　ウ．備品　エ．固定資産売却益　オ．備品減価償却累計額
カ．未収入金

14．従業員への給料支給額総額￥1,530,000から、従業員への貸付金の返済額￥200,000およびその利息￥1,000、所得税の源泉徴収額￥150,000を差し引き、残額を当座預金口座から振り込んだ。

ア．給料　イ．所得税預り金　ウ．従業員貸付金　エ．受取利息　オ．支払利息　カ．当座預金

15．当社は、以下の納付書（領収証書）にもとづいて、普通預金口座からの振り込みにより所定の金額を納付した。

領収証書

税目
法人税

住所	東京都千代田区 ○○－○○
氏名	水道橋株式会社

本　　税	￥175,000
○　○　税	
△　△　税	
□　□　税	
×　×　税	
合　計　額	￥175,000

納期等の区分　×40401　×50331
中間申告　確定申告

出納印
×5.5.27
東西銀行

ア．当座預金　イ．仮払法人税等　ウ．普通預金　エ．租税公課　オ．未払法人税等
カ．法人税、住民税及び事業税

第2問（20点）

(1)　下記の取引等にもとづいて、当期（×8年4月1日から×9年3月31日）における手数料に関連した答案用紙の2つの勘定の空欄にあてはまる適切な語句または金額を答えなさい。

勘定記入にあたっては、日付、摘要および金額を取引順に記入しなさい。ただし、摘要欄に記入する語句は［語群］から最も適当と思われるものを選び、**ア～コの記号**で記入すること。勘定科目等はこの設問の中で複数回使用してもよい。なお、空欄がすべて埋まるとは限らない。

［語　群］

ア．現金　イ．当座預金　ウ．普通預金　エ．受取手数料　オ．前受手数料　カ．未払手数料

キ．次期繰越　ク．損益　ケ．未収入金　コ．未払金

［取　引］

×8年8月1日　当社は取引先より向こう6か月分の広告宣伝料￥180,000（1か月あたり￥30,000）を相手先振り出しの小切手で受け取り、その全額を受取手数料勘定で処理した。

×9年2月1日　当社は取引先より、さらに向こう6か月分の広告宣伝料￥180,000（1か月あたり￥30,000）を相手先振り出しの小切手で受け取り、その全額を受取手数料勘定で処理した。

×9年3月31日　×9年2月1日に受け取った手数料のうち前受分を月割りで繰り延べた。

(2)　当社はA銀行とB銀行に当座預金口座を開設しており、それぞれ￥1,000,000を限度額とする当座借越契約を結んでいる。両行の当座預金出納帳を完成し、当座預金勘定の空欄部分に適切な勘定科目および金額を記入しなさい。

受験番号

3 級

答案用紙

日商簿記検定試験対策

まるっと完全予想問題集

（制限時間　60分）

第 1 回

TAC簿記検定講座

まるっと完全予想問題集
第１回　答案用紙

３　級　①

商　業　簿　記

受験番号

氏　　名

総　合　点

採　点　欄	
第 1 問	

第１問（45点）

	借方		貸方	
	記　号	金　額	記　号	金　額
1	（　　）		（　　）	
	（　　）		（　　）	
	（　　）		（　　）	
	（　　）		（　　）	
2	（　　）		（　　）	
	（　　）		（　　）	
	（　　）		（　　）	
	（　　）		（　　）	
3	（　　）		（　　）	
	（　　）		（　　）	
	（　　）		（　　）	
	（　　）		（　　）	
4	（　　）		（　　）	
	（　　）		（　　）	
	（　　）		（　　）	
	（　　）		（　　）	
5	（　　）		（　　）	
	（　　）		（　　）	
	（　　）		（　　）	
	（　　）		（　　）	
6	（　　）		（　　）	
	（　　）		（　　）	
	（　　）		（　　）	
	（　　）		（　　）	
7	（　　）		（　　）	
	（　　）		（　　）	
	（　　）		（　　）	
	（　　）		（　　）	
8	（　　）		（　　）	
	（　　）		（　　）	
	（　　）		（　　）	
	（　　）		（　　）	

（次ページに続く）

まるっと完全予想問題集
第1回　答案用紙

受験番号＿＿＿＿＿＿＿＿＿＿

氏　　名＿＿＿＿＿＿＿＿＿＿

3　級　②

商　業　簿　記

（前ページより）

	借　　方		貸　　方	
	記　　号	金　　額	記　　号	金　　額
9	（　　）		（　　）	
	（　　）		（　　）	
	（　　）		（　　）	
	（　　）		（　　）	
10	（　　）		（　　）	
	（　　）		（　　）	
	（　　）		（　　）	
	（　　）		（　　）	
11	（　　）		（　　）	
	（　　）		（　　）	
	（　　）		（　　）	
	（　　）		（　　）	
12	（　　）		（　　）	
	（　　）		（　　）	
	（　　）		（　　）	
	（　　）		（　　）	
13	（　　）		（　　）	
	（　　）		（　　）	
	（　　）		（　　）	
	（　　）		（　　）	
14	（　　）		（　　）	
	（　　）		（　　）	
	（　　）		（　　）	
	（　　）		（　　）	
15	（　　）		（　　）	
	（　　）		（　　）	
	（　　）		（　　）	
	（　　）		（　　）	

まるっと完全予想問題集
第1回　答案用紙

受験番号

氏　名

3　級　③

商　業　簿　記

採　点　欄	
第2問	

第2問（20点）

(1)

受取手数料

(　　)	[　　]	〈　　〉	(　　)	[　　]	〈　　〉
(　　)	[　　]	〈　　〉	(　　)	[　　]	〈　　〉
		〈　　〉			〈　　〉

前受手数料

(　　)	[　　]	〈　　〉	(　　)	[　　]	〈　　〉
		〈　　〉			〈　　〉

3級

日商簿記検定試験対策
まるっと完全予想問題集
問　題　用　紙

（制限時間　60分）

第２回

TAC簿記検定講座

第1問（45点）

下記の各取引について仕訳しなさい。ただし、勘定科目は、設問ごとに最も適当と思われるものを選び、答案用紙の（　）の中に記号で解答すること。なお、消費税は指示された問題のみ考慮すること。

1．福井株式会社は、第1期決算において、当期純利益￥690,000を計上した。

ア．繰越利益剰余金　イ．雑益　ウ．損益　エ．資本金　オ．当座預金　カ．雑損

2．新たに当座預金口座を開設するために、￥2,000,000を普通預金口座から当座預金口座に振り替えて入金した。なお、当座預金口座の開設にあたり小切手帳の交付を受け、手数料￥2,000を現金で支払った。

ア．当座預金　イ．仮受金　ウ．普通預金　エ．支払手数料　オ．現金　カ．支払利息

3．現金の実際有高が帳簿残高より￥54,000不足していたため、かねて現金過不足勘定で処理しておいたが、その原因を調査したところ、消耗品費￥124,000の記入漏れと保険料の支払額￥225,000を￥354,000とする誤記入が判明した。なお、残額については原因不明のため、雑損または雑益として処理することとした。

ア．雑益　イ．消耗品費　ウ．雑損　エ．現金過不足　オ．保険料　カ．現金

4．土地付き建物（購入代価は土地￥8,000,000、建物￥6,000,000）を購入し、不動産会社への手数料（それぞれ購入代価の4％)、および売買契約書の印紙代￥20,000（この印紙代は費用処理する）を含めて普通預金口座から支払った。

ア．租税公課　イ．建物　ウ．普通預金　エ．支払手数料　オ．貯蔵品　カ．土地

5．決算整理において、仮払金として処理していた￥480,000について、12月1日に向こう6か月分の保険料を当座預金口座から支払ったものであることが判明した。前払分については月割で計上する。なお、決算日は3月31日とする。

ア．当座預金　イ．仮払金　ウ．未払金　エ．前払保険料　オ．保険料　カ．前払金

6．取引銀行より￥3,000,000を借り入れ、利息を差し引かれた手取金を当座預金とした。なお、借入期間は146日、利率は年3％である。1年は365日とする。

ア．借入金　イ．現金　ウ．受取利息　エ．支払利息　オ．手形借入金　カ．当座預金

7．商品をクレジット払いで販売したことにより発生していたクレジット売掛金￥480,000について、本日決済され、普通預金口座へ振り込まれた。

ア．支払手数料　イ．普通預金　ウ．売上　エ．現金　オ．受取手形　カ．クレジット売掛金

8．建物の改良と修繕を行い、その代金￥450,000を小切手を振り出して支払った。なお、このうち￥350,000は免震工事のための支出であり、残額は破損した窓の修理費である。

ア．現金　イ．普通預金　ウ．修繕費　エ．仮払金　オ．当座預金　カ．建物

9．電子債権記録機関に発生記録が行われた債権￥950,000の支払期日が到来し、当座預金口座へ振り込まれた。

ア．売掛金　イ．当座預金　ウ．電子記録債権　エ．買掛金　オ．電子記録債務　カ．普通預金

10. 兵庫株式会社から掛けで仕入れた商品￥2,000,000のうち、￥100,000分を品違いのため返品した。なお、返品額は掛代金から控除すること。

ア．現金　イ．当座預金　ウ．未払金　エ．売掛金　オ．買掛金　カ．仕入

11. 長野株式会社から売掛金の回収として、同社振出の約束手形￥64,000、および小切手￥50,000を受け取った。

ア．当座預金　イ．現金　ウ．売上　エ．普通預金　オ．売掛金　カ．受取手形

12. 鹿児島株式会社に商品￥420,000に送料￥6,000を加えた合計額で販売し、代金は内金￥150,000を差し引き、残額は同社振出の約束手形で受け取った。なお、商品を運送業者へ引き渡すと同時に送料￥6,000は現金で支払った。

ア．前受金　イ．発送費　ウ．受取手形　エ．現金　オ．前払金　カ．売上

13. 小口現金係から通信費￥25,000、消耗品費￥3,000、雑費￥1,400の支払いの報告を受けた（インプレスト・システムによる)。なお、当社では小口現金の補給は翌営業日に行うことにしている。

ア．旅費交通費　イ．普通預金　ウ．通信費　エ．小口現金　オ．消耗品費　カ．雑費

14. 宮城商店から商品（商品代価￥350,000）を仕入れ、引取運賃￥30,000と合わせて掛けとした。

ア．仕入　イ．前受金　ウ．前払金　エ．当座預金　オ．現金　カ．買掛金

15. 神奈川株式会社は、以下の納付書（領収証書）にもとづき、普通預金口座から振り込みにより納付した。

領収証書

税目
法人税

住所	神奈川県横浜市 ○○－○○
氏名	神奈川株式会社

本　税	￥700,000
○　○　税	
△　△　税	
□　□　税	
×　×　税	
合　計　額	￥700,000

納期等の区分	x70401 x80331
中間申告（○印）	確定申告

出納印
x7.11.14
AA銀行

ア．普通預金　イ．仮払法人税等　ウ．現金　エ．租税公課　オ．未払法人税等　カ．仮払消費税

第2問（20点）

⑴　当社の、7月中における買掛金に関する取引の勘定記録は次のとおりである。下記の空欄のうち、（　①　）～（　⑤　）に入る適切な金額を答えなさい。なお、当社の仕入先は東京商店と千葉商店の2店のみであり、各勘定は毎月末に締め切っている。

総勘定元帳

買掛金

7/8	仕入	（　③　）	7/1	前月繰越	280,000
16	当座預金	180,000	6	（　　　）	340,000
21	普通預金	（　　　）	13	（　　　）	（　④　）
24	電子記録債務	50,000			
31	（　　　）	255,000			
		（　　　）			（　　　）

買掛金元帳

東京商店

7/8	返品	（　　　）	7/1	（　　　）	160,000
21	普通預金払い	347,000	6	仕入れ	（　②　）
31	（　　　）	（　　　）			
		（　　　）			（　　　）

買掛金元帳

千葉商店

7/16	当座預金払い	（　　　）	7/1	（　　　）	（　①　）
24	電子記録債務へ振替	50,000	13	仕入れ	220,000
31	（　　　）	（　⑤　）			
		（　　　）			（　　　）

⑵　群馬㈱は、主要簿以外に答案用紙の補助簿を用いている。次に示す1～5の取引がどの補助簿に記入されるか、該当するすべての補助簿の欄にチェックマーク（✓）を記入しなさい。なお、該当しない補助簿の欄には何も記入しないこと。

1．当期首に備品（取得原価￥200,000、減価償却累計額￥160,000）を￥50,000で売却し、代金を現金で受けとり、その後すぐに新備品￥180,000を購入し、小切手を振り出して支払った。なお、減価償却は間接法で記帳している。

2．高知㈱に対する買掛金の支払いとして￥500,000の約束手形を振り出し、高知㈱に郵送した。なお、郵便代金￥6,000は現金で支払った。

3．現金の実際有高が帳簿残高より￥51,000不足していたので、現金過不足勘定で処理していたが、原因を調査したところ、本日、岩手㈱に対する買掛金支払額￥60,000と、手数料の受取額￥9,000の記帳もれであることが判明した。

4．宮崎㈱に対して掛けで売り渡した商品の代金￥360,000を同社振り出しの小切手で受け取った。

5．秋田㈱に対して掛けで売り渡した商品のうち一部が品違いであったため￥36,000の返品があった。

受験番号＿＿＿＿＿＿＿＿＿＿

3級

答案用紙

日商簿記検定試験対策
まるっと完全予想問題集

（制限時間　60分）

第2回

TAC簿記検定講座

まるっと完全予想問題集
第2回　答案用紙

3　級　①

商　業　簿　記

受験番号

氏　　名

総　合　点

採　点　欄	
第1問	

第1問（45点）

	借方		貸方	
	記　号	金　額	記　号	金　額
1	(　　)		(　　)	
	(　　)		(　　)	
	(　　)		(　　)	
	(　　)		(　　)	
2	(　　)		(　　)	
	(　　)		(　　)	
	(　　)		(　　)	
	(　　)		(　　)	
3	(　　)		(　　)	
	(　　)		(　　)	
	(　　)		(　　)	
	(　　)		(　　)	
4	(　　)		(　　)	
	(　　)		(　　)	
	(　　)		(　　)	
	(　　)		(　　)	
5	(　　)		(　　)	
	(　　)		(　　)	
	(　　)		(　　)	
	(　　)		(　　)	
6	(　　)		(　　)	
	(　　)		(　　)	
	(　　)		(　　)	
	(　　)		(　　)	
7	(　　)		(　　)	
	(　　)		(　　)	
	(　　)		(　　)	
	(　　)		(　　)	
8	(　　)		(　　)	
	(　　)		(　　)	
	(　　)		(　　)	
	(　　)		(　　)	

（次ページに続く）

まるっと完全予想問題集
第２回　答案用紙

受験番号

氏　　名

３　級　②

商　業　簿　記

（前ページより）

	借　　方		貸　　方	
	記　　号	金　　額	記　　号	金　　額
9	（　　　）		（　　　）	
	（　　　）		（　　　）	
	（　　　）		（　　　）	
	（　　　）		（　　　）	
10	（　　　）		（　　　）	
	（　　　）		（　　　）	
	（　　　）		（　　　）	
	（　　　）		（　　　）	
11	（　　　）		（　　　）	
	（　　　）		（　　　）	
	（　　　）		（　　　）	
	（　　　）		（　　　）	
12	（　　　）		（　　　）	
	（　　　）		（　　　）	
	（　　　）		（　　　）	
	（　　　）		（　　　）	
13	（　　　）		（　　　）	
	（　　　）		（　　　）	
	（　　　）		（　　　）	
	（　　　）		（　　　）	
14	（　　　）		（　　　）	
	（　　　）		（　　　）	
	（　　　）		（　　　）	
	（　　　）		（　　　）	
15	（　　　）		（　　　）	
	（　　　）		（　　　）	
	（　　　）		（　　　）	
	（　　　）		（　　　）	

まるっと完全予想問題集
第2回　答案用紙

受験番号

氏　　名

3　級　③

商　業　簿　記

採　点　欄	
第2問	

第2問（20点）

(1)

①	②	③	④	⑤

(2)

	現　金出納帳	当座預金出納帳	受取手形記入帳	支払手形記入帳	得意先元　帳	仕入先元　帳	仕入帳	売上帳	商　品有高帳	固定資産台　帳
1										
2										
3										
4										
5										

3級

日商簿記検定試験対策
まるっと完全予想問題集
問　題　用　紙

（制限時間　60分）

第３回

TAC簿記検定講座

第1問（45点）

下記の各取引について仕訳しなさい。ただし、勘定科目は、設問ごとに最も適当と思われるものを選び、答案用紙の（　）の中に記号で解答すること。なお、消費税は指示された問題のみ考慮すること。

1．現金￥30,000を当社の普通預金口座へ預け入れた。

ア．当座預金　イ．定期預金　ウ．買掛金　エ．現金　オ．普通預金　カ．売掛金

2．神奈川株式会社から商品を仕入れ、品物とともに次の納品書兼請求書を受け取った。なお、代金は掛けとした。

納品書　兼　請求書

埼玉株式会社　御中

×1年４月23日

神奈川株式会社

品　名	数　量	単　価	金　額
婦人用コート	2	150,000	￥300,000
カーディガン	6	20,000	￥120,000
	送　料		￥ 15,000
	合　計		￥435,000

×1年５月31日までに合計代金を下記口座にお振り込みください。

○○銀行　横浜支店　普通　1234567　カナガワ（カ

ア．売掛金　イ．買掛金　ウ．普通預金　エ．発送費　オ．仕入　カ．売上

3．従業員への給料支払い時に源泉徴収していた所得税￥720,000を納付書とともに現金で納付した。

ア．売掛金　イ．所得税預り金　ウ．従業員立替金　エ．当座預金　オ．現金　カ．給料

4．収入印紙￥4,000を購入し、代金は現金で支払った。なお、収入印紙はただちに使用している。

ア．現金　イ．通信費　ウ．当座預金　エ．貯蔵品　オ．租税公課　カ．法人税、住民税及び事業税

5．商品￥740,000を島根株式会社から仕入れ、代金は約束手形を振り出して支払った。

ア．支払手形　イ．当座預金　ウ．仕入　エ．受取手形　オ．普通預金　カ．買掛金

6．従業員が出張から戻り、概算払いしておいた￥150,000を精算した。その支払内訳は旅費交通費であり、残額￥5,000を現金で受け取った。

ア．旅費交通費　イ．買掛金　ウ．仮払金　エ．前払金　オ．仕入　カ．現金

7．中間申告を行い、法人税、住民税及び事業税￥960,000を普通預金口座から支払った。

ア．租税公課　イ．当座預金　ウ．法人税、住民税及び事業税　エ．仮払法人税等　オ．未払法人税等　カ．普通預金

8．事業拡大にともない増資を行い、株式100株を新たに発行し、１株当たり￥20,000の払い込みを受け、普通預金口座へ預け入れられた。なお、払込金額は全額資本金とする。

ア．普通預金　イ．繰越利益剰余金　ウ．当座預金　エ．現金　オ．資本金　カ．利益準備金

9．当期において使用中の備品について、修理費用￥50,000を現金で支払った。

ア．備品　イ．現金　ウ．修繕費　エ．減価償却費　オ．未払金　カ．当座預金

10．電子債権記録機関に発生記録が行われていた電子記録債権について支払期日を迎えたため、当座預金口座へ￥120,000が振り込まれた。

ア．売掛金　イ．当座預金　ウ．電子記録債権　エ．現金　オ．受取手形　カ．普通預金

11．商品￥400,000をクレジットカードにより販売した。なお、信販会社へのクレジット手数料は販売代金の２％であり、販売時に計上する。

ア．支払手数料　イ．売上　ウ．現金　エ．普通預金　オ．売掛金　カ．クレジット売掛金

12．当社の役員に貸し付けていた￥500,000が満期になり、元利合計が当座預金口座に振り込まれた。なお、貸付期間は９か月間であり、貸付年利率は0.8％、利息は月割計算する。

ア．受取利息　イ．立替金　ウ．当座預金　エ．役員貸付金　オ．支払利息　カ．普通預金

13．商品￥55,000を売り上げ、代金のうち￥5,000は現金で、残額は共通商品券で受け取った。

ア．売掛金　イ．現金　ウ．クレジット売掛金　エ．売上　オ．受取商品券　カ．受取利息

14．土地￥3,000,000および建物￥2,500,000を買い入れ、売買手数料（それぞれの代金の３％）を加えた総額は来月末に支払うこととし、土地および建物の引き渡しを受けた。

ア．未払金　イ．支払手数料　ウ．建物　エ．前払金　オ．買掛金　カ．土地

15．栃木株式会社に対する買掛金￥400,000について、当座預金口座から支払った。ただし、決済前の当座預金残高は￥360,000であり、当社は取引銀行と限度額￥2,000,000の当座借越契約を結んでいる。

ア．支払手数料　イ．普通預金　ウ．買掛金　エ．当座預金　オ．支払手形　カ．現金

第2問（20点）

(1)　下記の取引等にもとづいて、当期（×3年4月1日から×4年3月31日）における法人税等に関連した答案用紙の3つの勘定の空欄にあてはまる適切な語句または金額（次期の開始記入も含む）を答えなさい。

勘定記入にあたっては、日付、摘要および金額を取引順に記入しなさい。ただし、摘要欄に記入する語句は［**語群**］から最も適当と思われるものを選び、**ア〜コの記号**で記入すること。勘定科目等はこの設問の中で複数回使用してもよい。なお、空欄がすべて埋まるとは限らない。

［語　群］

ア．当座預金　イ．諸口　ウ．租税公課　エ．損益　オ．法人税、住民税及び事業税　カ．仮払法人税等
キ．未払法人税等　ク．次期繰越　ケ．前期繰越　コ．現金

［取　引］

×3年3月31日　第1期決算において、本年度の法人税等の額が48,000円と確定した。なお、確定額は法人税、住民税及び事業税勘定、未払額は未払法人税等勘定で処理した。本年度は中間納付を行っていない。

×3年5月20日　第1期の確定申告にあたり、未払法人税等を当座預金口座より支払った。

×3年11月10日　第2期の中間申告にあたり、前年度の実績にもとづいて仮払法人税等として24,000円を当座預金口座より支払った。

×4年3月31日　当期の法人税、住民税及び事業税の額が45,000円と確定した。また、費用勘定の残高を損益勘定へ振り替えた。

(2)　次の文が正しければ「ア」、誤っていれば「イ」を答案用紙に記入しなさい。ただし、すべてに「ア」または「イ」と答えた場合には点数を与えないので注意すること。

1．仕訳をする際に、現金勘定として扱われるものには、他人振出小切手や送金小切手のほかに普通為替証書（郵便為替証書）がある。

2．3伝票制において、入金取引を起票するための伝票を入金伝票、出金取引を起票するための伝票を出金伝票、また、入金・出金取引以外の取引を起票するための伝票を補助伝票という。

3．資本金は、決算整理後の残高試算表の借方に存在することがない勘定科目である。

4．当期純損失が生じたときは損益勘定を、繰越利益剰余金勘定の貸方に振り替える。

受験番号

3級

答案用紙

日商簿記検定試験対策

まるっと完全予想問題集

（制限時間　60分）

第３回

TAC簿記検定講座

まるっと完全予想問題集
第3回　答案用紙

3　級　①

商　業　簿　記

受験番号

氏　　名

総　合　点

採　点　欄	
第1問	

第1問（45点）

	借　方		貸　方	
	記　号	金　額	記　号	金　額
1	（　　）		（　　）	
	（　　）		（　　）	
	（　　）		（　　）	
	（　　）		（　　）	
2	（　　）		（　　）	
	（　　）		（　　）	
	（　　）		（　　）	
	（　　）		（　　）	
3	（　　）		（　　）	
	（　　）		（　　）	
	（　　）		（　　）	
	（　　）		（　　）	
4	（　　）		（　　）	
	（　　）		（　　）	
	（　　）		（　　）	
	（　　）		（　　）	
5	（　　）		（　　）	
	（　　）		（　　）	
	（　　）		（　　）	
	（　　）		（　　）	
6	（　　）		（　　）	
	（　　）		（　　）	
	（　　）		（　　）	
	（　　）		（　　）	
7	（　　）		（　　）	
	（　　）		（　　）	
	（　　）		（　　）	
	（　　）		（　　）	
8	（　　）		（　　）	
	（　　）		（　　）	
	（　　）		（　　）	
	（　　）		（　　）	

（次ページに続く）

まるっと完全予想問題集
第3回　答案用紙

受験番号

氏　　名

3　級　②

商　業　簿　記

（前ページより）

	借　　方		貸　　方	
	記　　号	金　　額	記　　号	金　　額
9	（　　）		（　　）	
	（　　）		（　　）	
	（　　）		（　　）	
	（　　）		（　　）	
10	（　　）		（　　）	
	（　　）		（　　）	
	（　　）		（　　）	
	（　　）		（　　）	
11	（　　）		（　　）	
	（　　）		（　　）	
	（　　）		（　　）	
	（　　）		（　　）	
12	（　　）		（　　）	
	（　　）		（　　）	
	（　　）		（　　）	
	（　　）		（　　）	
13	（　　）		（　　）	
	（　　）		（　　）	
	（　　）		（　　）	
	（　　）		（　　）	
14	（　　）		（　　）	
	（　　）		（　　）	
	（　　）		（　　）	
	（　　）		（　　）	
15	（　　）		（　　）	
	（　　）		（　　）	
	（　　）		（　　）	
	（　　）		（　　）	

まるっと完全予想問題集
第３回　答案用紙

３　級　③

商　業　簿　記

受験番号

氏　　名

採　点　欄	
第２問	

第２問（20点）

(1)

法人税、住民税及び事業税

(　　)	[　　　]	〈　　　〉	(　　)	[　　　]	〈　　　〉
		〈　　　〉			〈　　　〉

仮払法人税等

(　　)	[　　　]	〈　　　〉	(　　)	[　　　]	〈　　　〉
		〈　　　〉			〈　　　〉

未払法人税等

(　　)	[　　　]	〈　　　〉	(　　)	[　　　]	〈　　　〉
(　　)	[　　　]	〈　　　〉	(　　)	[　　　]	〈　　　〉
		〈　　　〉			〈　　　〉

(2)

1	2	3	4

3級

日商簿記検定試験対策
まるっと完全予想問題集
問題用紙

（制限時間　60分）

第４回

TAC簿記検定講座

第1問（45点）

下記の各取引について仕訳しなさい。ただし、勘定科目は、設問ごとに最も適当と思われるものを選び、答案用紙の（　）の中に記号で解答すること。なお、消費税は指示された問題のみ考慮すること。

1．商品¥700,000を仕入れ、代金を掛けとした。なお、商品の引取費用¥20,000を現金により支払った。

ア．売上　イ．現金　ウ．発送費　エ．仕入　オ．買掛金　カ．支払手形

2．¥800,000を当座預金口座から普通預金口座へ振り替えた。

ア．現金　イ．定期預金　ウ．普通預金　エ．当座預金　オ．小口現金　カ．支払手数料

3．新潟株式会社に商品を売り上げ、品物とともに次の納品書兼請求書を送付し、代金は掛けとした。消費税については、税抜方式により処理する。

納品書 兼 請求書　　×2年10月9日

新潟株式会社　御中　　石川株式会社

品　名	数　量	単　価	金　額
X品	35	1,040	¥　36,400
Y品	20	1,610	¥　32,200
	消　費　税		¥　6,860
	合　　計		¥　75,460

×2年11月30日までに合計額を下記口座へお振込み下さい。

○○銀行　石川支店　普通　3333333　イシカワ（カ

ア．売上　イ．買掛金　ウ．売掛金　エ．仮受消費税　オ．仮払消費税　カ．仕入

4．岩手株式会社から¥500,000を約束手形を振り出して借り入れ、ただちに当座預金へ預け入れた。

ア．支払手形　イ．借入金　ウ．当座預金　エ．受取手形　オ．手形借入金　カ．現金

5．決算整理を行い、仕入勘定において売上原価¥900,000が算定された。そこで、損益勘定に振り替えた。

ア．繰越商品　イ．前受金　ウ．仕入　エ．損益　オ．売上　カ．買掛金

6．事業に使用するために土地を借りており、本日、当月分の賃借料¥150,000を現金で支払った。

ア．土地　イ．現金　ウ．当座預金　エ．仮払金　オ．支払手数料　カ．支払地代

7．会計係は小口現金係から次のような支払いの報告を受け、小口現金に関する記帳を行うとともに、ただちに小切手を振り出して小口現金を補給した。なお、インプレスト・システム（定額資金前渡制）を採用している。

通信費：¥4,000　旅費交通費：¥20,000　消耗品費：¥3,000

ア．消耗品費　イ．貯蔵品　ウ．現金　エ．通信費　オ．旅費交通費　カ．当座預金

8．宮崎株式会社より商品の注文を受け、手付金として¥40,000を先方振出の小切手で受け取った。

ア．前払金　イ．未収入金　ウ．前受金　エ．仮受金　オ．当座預金　カ．現金

9．水道光熱費￥60,000を普通預金口座より支払った。なお、振り込みにあたり振込手数料￥200が普通預金口座から引き落とされた。

ア．支払手数料　イ．当座預金　ウ．普通預金　エ．通信費　オ．現金　カ．水道光熱費

10. 建物の改築と修繕を行い、代金￥3,000,000は来月末に支払うこととした。なお、代金のうち￥600,000は資本的支出に、残額は収益的支出に該当する。

ア．建物　イ．保管費　ウ．未払金　エ．買掛金　オ．修繕費　カ．普通預金

11. 電子債権記録機関に発生記録が行われた債権￥300,000の支払期日が到来し、普通預金口座へ振り込まれた。

ア．電子記録債権　イ．当座預金　ウ．売掛金　エ．電子記録債務　オ．普通預金　カ．買掛金

12. 賃借契約を解約し、契約時に支払った敷金￥260,000の返却を受け普通預金口座へ振り込まれた。

ア．現金　イ．普通預金　ウ．支払手数料　エ．建物　オ．支払家賃　カ．差入保証金

13. 奈良株式会社に対する前期の商品売買により発生した売掛金￥315,000について、本日、￥75,000を現金で回収し、残額は貸し倒れた。なお、貸倒引当金の残高は￥250,000である。

ア．貸倒損失　イ．貸倒引当金戻入　ウ．売掛金　エ．売上　オ．貸倒引当金　カ．現金

14. コピー機￥850,000とコピー用紙￥2,000を購入し、代金は後日支払うことにした。

ア．未払金　イ．当座預金　ウ．買掛金　エ．消耗品費　オ．備品　カ．雑費

15. 佐賀株式会社は、以下の納付書にもとづき、普通預金口座から振り込んだ。

領収証書

税目
消費税及び地方消費税

住所	佐賀県××○○
氏名	佐賀株式会社

本　　税	￥350,000
○　○　税	
△　△　税	
□　□　税	
×　×　税	
合　計　額	￥350,000

納期等の区分	×20401 ×30331
中間申告	確定申告（○印）

出納印
×3.5.22
N銀行

ア．仮払消費税　イ．仮受消費税　ウ．普通預金　エ．未払消費税　オ．現金　カ．当座預金

第2問（20点）

⑴　次の商品有高帳の記録にもとづいて、三分法による勘定記入をそれぞれ推定し、答案用紙の３つの勘定の空欄にあてはまる適切な金額を答えなさい。また、商品有高帳を先入先出法で記録した場合の４月の売上原価および売上総利益を答えなさい。なお、本問の解答上、会計期間は４月１日から４月30日までの１か月とし、４月30日を期末（決算日）として記帳手続を示すものとする。また、A品の売価は、４月７日が１個あたり60円、４月22日が１個あたり66円とする。

商　品　有　高　帳

移動平均法　　　　　　　　A　品　　　　　　（数量単位：個、金額単位：円）

×年		摘　要	受入高			払出高			残高		
			数量	単価	金額	数量	単価	金額	数量	単価	金額
4	1	前期繰越	36	40	1,440				36	40	1,440
	5	仕　入	24	40	960				60	40	2,400
	7	売　上				15	40	600	45	40	1,800
	21	仕　入	45	48	2,160				90	44	3,960
	22	売　上				72	44	3,168	18	44	792
	30	次期繰越				18	44	792			
			105		4,560	105		4,560			
5	1	前期繰越	18	44	792				18	44	792

⑵　埼玉株式会社は、毎日の取引を入金伝票、出金伝票、振替伝票に記入し、これを１日分ずつ集計して仕訳日計表を作成し、この仕訳日計表から、総勘定元帳へ転記している。同社の×8年９月１日の取引に関して作成された次の各伝票（略式）にもとづき、答案用紙の得意先元帳を記入しなさい。また、仕訳日計表を作成し、総勘定元帳の現金勘定へ転記しなさい。

入金伝票　No.111
売掛金(千葉(株))　60,000

入金伝票　No.112
売　上　35,000

出金伝票　No.221
買掛金(東京(株))　30,000

出金伝票　No.222
通信費　5,300

出金伝票　No.223
仕　入　91,000

振替伝票　No.331
仕　入　120,000
買掛金(東京(株))　120,000

振替伝票　No.332
売掛金(千葉(株))　200,000
売　上　200,000

振替伝票　No.333
仕　入　99,000
支払手形　99,000

受験番号

3級

答案用紙

日商簿記検定試験対策
まるっと完全予想問題集

(制限時間　60分)

第４回

TAC簿記検定講座

まるっと完全予想問題集
第4回　答案用紙

3　級　①

商　業　簿　記

受験番号 ＿＿＿＿＿＿＿＿＿＿

氏　　名 ＿＿＿＿＿＿＿＿＿＿

総　合　点

採　点　欄	
第1問	

第1問（45点）

	借方		貸方	
	記　号	金　額	記　号	金　額
1	(　　)		(　　)	
	(　　)		(　　)	
	(　　)		(　　)	
	(　　)		(　　)	
2	(　　)		(　　)	
	(　　)		(　　)	
	(　　)		(　　)	
	(　　)		(　　)	
3	(　　)		(　　)	
	(　　)		(　　)	
	(　　)		(　　)	
	(　　)		(　　)	
4	(　　)		(　　)	
	(　　)		(　　)	
	(　　)		(　　)	
	(　　)		(　　)	
5	(　　)		(　　)	
	(　　)		(　　)	
	(　　)		(　　)	
	(　　)		(　　)	
6	(　　)		(　　)	
	(　　)		(　　)	
	(　　)		(　　)	
	(　　)		(　　)	
7	(　　)		(　　)	
	(　　)		(　　)	
	(　　)		(　　)	
	(　　)		(　　)	
8	(　　)		(　　)	
	(　　)		(　　)	
	(　　)		(　　)	
	(　　)		(　　)	

（次ページに続く）

まるっと完全予想問題集
第4回　答案用紙

受験番号＿＿＿＿＿＿＿＿

氏　　名＿＿＿＿＿＿＿＿

3　級　②

商　業　簿　記

（前ページより）

	借　　方		貸　　方	
	記　　号	金　　額	記　　号	金　　額
9	（　　　）		（　　　）	
	（　　　）		（　　　）	
	（　　　）		（　　　）	
	（　　　）		（　　　）	
10	（　　　）		（　　　）	
	（　　　）		（　　　）	
	（　　　）		（　　　）	
	（　　　）		（　　　）	
11	（　　　）		（　　　）	
	（　　　）		（　　　）	
	（　　　）		（　　　）	
	（　　　）		（　　　）	
12	（　　　）		（　　　）	
	（　　　）		（　　　）	
	（　　　）		（　　　）	
	（　　　）		（　　　）	
13	（　　　）		（　　　）	
	（　　　）		（　　　）	
	（　　　）		（　　　）	
	（　　　）		（　　　）	
14	（　　　）		（　　　）	
	（　　　）		（　　　）	
	（　　　）		（　　　）	
	（　　　）		（　　　）	
15	（　　　）		（　　　）	
	（　　　）		（　　　）	
	（　　　）		（　　　）	
	（　　　）		（　　　）	

まるっと完全予想問題集
第4回　答案用紙

3　級　③

商　業　簿　記

受験番号

氏　　名

採　点　欄	
第2問	

第2問（20点）

⑴

繰　越　商　品

4/1	前期繰越	(　　　　)	4/30	仕　入	(　　　　)
30	仕　入	(　　　　)	〃	次期繰越	(　　　　)
		(　　　　)			(　　　　)

仕　　入

4/5	買掛金	(　　　　)	4/30	繰越商品	(　　　　)
21	買掛金	(　　　　)	〃	損　益	(　　　　)
30	繰越商品	(　　　　)			
		(　　　　)			(　　　　)

売　　上

4/30	損　益	(　　　　)	4/7	売掛金	(　　　　)
			22	売掛金	(　　　　)
		(　　　　)			(　　　　)

売上原価	売上総利益
¥	¥

3級

日商簿記検定試験対策
まるっと完全予想問題集
問　題　用　紙

（制限時間　60分）

第５回

TAC簿記検定講座

第1問（45点）

下記の各取引について仕訳しなさい。ただし、勘定科目は、設問ごとに最も適当と思われるものを選び、答案用紙の（　）の中に記号で解答すること。なお、消費税は指示された問題のみ考慮すること。

1．事務所を建てる目的で購入した土地について、建設会社に依頼していた整地作業が完了した。整地費用の代金￥2,500,000は後日支払うこととなっている。

ア．土地　イ．未収入金　ウ．現金　エ．前払金　オ．建物　カ．未払金

2．当社の従業員に対して￥1,000,000を貸し付け、当社の普通預金口座から従業員の普通預金口座へ振り込んだ。なお、年利率は１％、貸付期間は３年間であり、元本と利息の返済については、来月以降の給料から毎月差し引くこととした。

ア．現金　イ．借入金　ウ．普通預金　エ．支払利息　オ．従業員貸付金　カ．受取利息

3．商品￥200,000を販売し、代金として当社の加盟する小売商連合会発行の共通商品券￥150,000を受け取り、残額は掛けとした。

ア．前受金　イ．売上　ウ．売掛金　エ．受取手形　オ．受取商品券　カ．現金

4．×6年４月１日に利率年１％、利息は満期日（×7年３月31日）に受け取る条件で預け入れた１年ものの定期預金￥80,000について、本日、満期となったため、元金と利息の合計を普通預金口座に預け替えた。

ア．当座預金　イ．普通預金　ウ．定期預金　エ．受取手数料　オ．受取利息　カ．支払利息

5．×7年６月30日に、備品（取得日：×2年４月１日、取得原価：￥1,440,000、耐用年数：６年、減価償却方法：定額法、残存価額：ゼロ、記帳方法：間接法、会計期間：１年、決算日：３月31日）を￥125,000で売却し、代金は１か月後に受け取ることにした。なお、当期の減価償却費は月割りにより計上する。

ア．減価償却費　イ．備品減価償却累計額　ウ．備品　エ．未収入金　オ．固定資産売却益
カ．固定資産売却損

6．沖縄株式会社に対する買掛金￥350,000について、普通預金口座から振り込んで支払った。また、当社負担の振込手数料￥400が同口座から引き落とされた。

ア．受取手数料　イ．普通預金　ウ．買掛金　エ．仕入　オ．支払手数料　カ．当座預金

7．愛媛株式会社は、事務所として利用する目的でビルの１フロアについて賃借契約を締結した。なお、事務所を借りた際に敷金￥135,000、２か月分の家賃￥180,000及び仲介手数料￥90,000を普通預金口座から支払った。

ア．差入保証金　イ．普通預金　ウ．支払地代　エ．借入金　オ．支払手数料　カ．支払家賃

8．得意先南北株式会社が倒産し、南北株式会社へ商品を売り上げたことにより生じた売掛金￥450,000（うち前期販売分￥250,000、当期販売分￥200,000）が貸し倒れた。なお、貸倒引当金の残高は￥180,000である。

ア．貸倒引当金繰入　イ．貸倒引当金戻入　ウ．貸倒損失　エ．売掛金　オ．貸倒引当金　カ．現金

9．滋賀株式会社に対し現金¥1,000,000を10か月間の約束で借用証書にて貸し付けていたが、本日、返済期日となり利息（利率は年３%、月割計算による）とともに当座預金口座に入金された。

ア．支払利息　イ．貸付金　ウ．当座預金　エ．受取利息　オ．借入金　カ．現金

10．前期の決算において、支払家賃のうち¥75,000を未払家賃として計上していたので、本日（当期首）、再振替仕訳を行った。

ア．受取家賃　イ．支払家賃　ウ．未収家賃　エ．前払家賃　オ．未払家賃　カ．前受家賃

11．約束手形を振り出すことで、取引銀行より、¥7,000,000を期間10か月（年利率６%、月割計算による）で借り入れていたが、本日返済期日となり借入期間の利息とともに小切手を振り出して支払った。

ア．当座預金　イ．手形借入金　ウ．借入金　エ．現金　オ．支払利息　カ．支払手形

12．三重株式会社は増資を行うことになり、１株当たり¥700で株式を新たに350株発行し、出資者より当社の当座預金口座に払込みがなされた。なお、払込金額は全額資本金とする。

ア．現金　イ．利益準備金　ウ．繰越利益剰余金　エ．資本金　オ．普通預金　カ．当座預金

13．当社の仕入先である福島株式会社に対する買掛金¥200,000の支払いとして、同社宛の約束手形を振り出した際に、誤って借方科目と貸方科目を反対に記帳してしまったため、これを訂正する。

ア．仕入　イ．買掛金　ウ．支払手形　エ．当座預金　オ．現金　カ．受取手形

14．業務で使用する目的で複合コピー機@¥300,000を５台購入した。これに係る設置費用は¥50,000であり、¥300,000は小切手を振り出して支払い、残額は翌月以降の分割払いとした。

ア．現金　イ．当座預金　ウ．前払金　エ．未払金　オ．仮払金　カ．備品

15．かねて栃木株式会社に商品を売り上げ、品物とともに次の納品書兼請求書を送付し適正に処理を行っていた。本日、請求していた合計金額が振り込まれた。

納品書 兼 請求書　　×8年７月５日

栃木株式会社　御中　　神奈川株式会社

品　名	数　量	単　価	金　額
A品	12	55,500	¥666,000
B品	6	40,300	¥241,800
	小　　計		¥907,800
	値　引　き		¥　△800
	合　　計		¥907,000

×8年８月31日までに合計額を下記口座へお振込みください。

○○銀行　神奈川支店　普通　2222222　カナガワ（カ

ア．支払手数料　イ．売上　ウ．売掛金　エ．買掛金　オ．普通預金　カ．当座預金

第2問（20点）

⑴　次に示す備品の固定資産台帳（？は各自計算すること）により、備品勘定、減価償却累計額勘定と減価償却費勘定の記入を示しなさい。ただし、入出金はすべて普通預金とする。備品は残存価額ゼロの定額法にもとづき減価償却が行われており、減価償却費は月割計算によって決算時に一括計上している。なお、会計期間は×8年4月1日から×9年3月31日までの1年間である。

解答にあたり、勘定科目等は以下から選択し、**ア～キの記号**で記入しなさい。また、勘定科目等はこの設問の中で複数回使用してよい。

ア．備　　品	イ．減価償却累計額	ウ．普通預金	エ．前期繰越	オ．次期繰越
カ．損　　益	キ．減価償却費			

［備品］　　固定資産台帳　［×9年3月31日現在］　　（単位：円）

取得年月日	名称	期末数量	耐用年数	期首(期中取得)取得原価	期首減価償却累計額	当期減価償却費
×4年9月28日	A	1	6年	2,160,000	1,290,000	360,000
×7年4月1日	B	1	5年	980,000	?	196,000
×8年10月2日	C	1	4年	3,648,000	0	456,000

⑵　次の問に答えなさい。

問1　次の表の空欄（①）（②）の金額を求めなさい。

（単位：千円）

期首貸借対照表			期末貸借対照表			損益計算書		当期純利益
資　産	負　債	純資産	資　産	負　債	純資産	収　益	費　用	
6,000	（①）	?	8,000	?	2,600	7,000	6,400	（②）

問2　次の文章の空欄にあてはまる適切な語句を、下の**［語群］**の中から選び、**ア～クの記号**で答えなさい。

1．収益の金額が費用の金額より多い場合、（　③　）が生じる。

2．期中における純資産の増減にかかわらず、期末資産の金額から期末負債の金額を差し引くと、（　④　）の金額となる。

［語群］

ア．期末純資産　イ．費用　ウ．当期純利益　エ．期首純資産　オ．当期純損失

カ．収益　キ．期首資産　ク．期首負債

受験番号

3級

答案用紙

日商簿記検定試験対策
まるっと完全予想問題集

（制限時間　60分）

第5回

TAC簿記検定講座

まるっと完全予想問題集
第5回　答案用紙

3　級　①

商　業　簿　記

受験番号＿＿＿＿＿＿＿＿＿＿＿＿

氏　　名＿＿＿＿＿＿＿＿＿＿＿＿

総合点

採点欄	
第1問	

第1問（45点）

	借方		貸方	
	記号	金額	記号	金額
1	（　　）		（　　）	
	（　　）		（　　）	
	（　　）		（　　）	
	（　　）		（　　）	
2	（　　）		（　　）	
	（　　）		（　　）	
	（　　）		（　　）	
	（　　）		（　　）	
3	（　　）		（　　）	
	（　　）		（　　）	
	（　　）		（　　）	
	（　　）		（　　）	
4	（　　）		（　　）	
	（　　）		（　　）	
	（　　）		（　　）	
	（　　）		（　　）	
5	（　　）		（　　）	
	（　　）		（　　）	
	（　　）		（　　）	
	（　　）		（　　）	
6	（　　）		（　　）	
	（　　）		（　　）	
	（　　）		（　　）	
	（　　）		（　　）	
7	（　　）		（　　）	
	（　　）		（　　）	
	（　　）		（　　）	
	（　　）		（　　）	
8	（　　）		（　　）	
	（　　）		（　　）	
	（　　）		（　　）	
	（　　）		（　　）	

（次ページに続く）

まるっと完全予想問題集
第5回　答案用紙

3　級　②

受験番号＿＿＿＿＿＿＿＿

氏　　名＿＿＿＿＿＿＿＿

商　業　簿　記

（前ページより）

	借方		貸方	
	記号	金額	記号	金額
9	（　　）		（　　）	
	（　　）		（　　）	
	（　　）		（　　）	
	（　　）		（　　）	
10	（　　）		（　　）	
	（　　）		（　　）	
	（　　）		（　　）	
	（　　）		（　　）	
11	（　　）		（　　）	
	（　　）		（　　）	
	（　　）		（　　）	
	（　　）		（　　）	
12	（　　）		（　　）	
	（　　）		（　　）	
	（　　）		（　　）	
	（　　）		（　　）	
13	（　　）		（　　）	
	（　　）		（　　）	
	（　　）		（　　）	
	（　　）		（　　）	
14	（　　）		（　　）	
	（　　）		（　　）	
	（　　）		（　　）	
	（　　）		（　　）	
15	（　　）		（　　）	
	（　　）		（　　）	
	（　　）		（　　）	
	（　　）		（　　）	

まるっと完全予想問題集
第5回　答案用紙

3　級　③

商　業　簿　記

受験番号

氏　　名

採　点　欄	
第2問	

第2問（20点）

(1)

備　　　品

日付	摘要	金額	日付	摘要	金額
×8年4/1	前期繰越	〈　　〉	×9年3/31	次期繰越	〈　　〉
×8年10/2	[　　　]	〈　　〉			
		〈　　〉			〈　　〉
×9年4/1	前期繰越	〈　　〉			

減価償却累計額

日付	摘要	金額	日付	摘要	金額
×9年3/31	[　　　]	〈　　〉	×8年4/1	[　　　]	〈　　〉
			×9年3/31	[　　　]	〈　　〉
		〈　　〉			〈　　〉
			×9年4/1	[　　　]	〈　　〉

減価償却費

日付	摘要	金額	日付	摘要	金額
×9年3/31	[　　　]	〈　　〉	×9年3/31	[　　　]	〈　　〉

(2)

①	②	③	④

まるっと完全予想問題集
第５回　答案用紙

３　級　④

受験番号＿＿＿＿＿＿＿＿

氏　　名＿＿＿＿＿＿＿＿

商　業　簿　記

採点欄	
第3問	

第3問（35点）

問1

精　　算　　表　　　　（単位：円）

勘定科目	試算表		修正記入		損益計算書		貸借対照表	
	借方	貸方	借方	貸方	借方	貸方	借方	貸方
現金	27,000							
当座預金	391,000							
受取手形	400,000							
売掛金	564,000							
仮払金	5,000							
仮払消費税	282,000							
繰越商品	123,000							
未収入金	353,000							
土地	350,000							
建物	1,800,000							
支払手形		275,000						
買掛金		207,000						
社会保険料預り金		2,500						
借入金		450,000						
未払金		170,000						
仮受消費税		409,500						
貸倒引当金		25,000						
減価償却累計額		144,000						
資本金		1,000,000						
繰越利益剰余金		509,000						
売上		4,095,000						
受取手数料		60,000						
受取家賃		600,000						
仕入	2,820,000							
給料	546,500							
法定福利費	27,500							
支払地代	240,000							
雑費	13,500							
支払利息	4,500							
	7,947,000	7,947,000						
固定資産売却（　）								
雑（　　）								
貸倒引当金繰入								
減価償却費								
（　　）利息								
（　　）家賃								
（　　）消費税								
法人税、住民税及び事業税								
（　　）法人税等								
当期純（　　）								

問2

決算整理後の建物の帳簿価額	¥

第3問（35点）

次の決算整理事項等（未処理事項を含む）にもとづいて問いに答えなさい。なお、消費税の仮受け・仮払いは売上取引・仕入取引のみで行い、税抜方式で処理する。会計期間は×1年4月1日から×2年3月31日までの1年である。

〔決算整理事項等〕

1．保有している土地のすべてを決算直前に￥380,000で売却していたが、その記帳がまだ行われていない。なお、売却代金は後日受け取ることになっている。

2．売掛金￥64,000を回収し当座預金へ預け入れたが、記帳していなかった。

3．仮払金は全額、社会保険料預り金￥2,500（従業員の負担額）に、会社負担額（従業員の負担額と同額とする）を加えて納付したものと判明した。

4．現金の実際手許有高は￥30,000であり、帳簿残高との不一致の原因は不明である。

5．受取手形および売掛金の期末残高合計に対して、実績率4％を用いて貸倒れを見積もる。なお、貸倒引当金の残高に加減して調整する方法によること。

6．期末商品棚卸高は￥132,000である。売上原価は「仕入」の行で計算すること。

7．建物について定額法により減価償却を行う。耐用年数は25年、残存価額はゼロとする。

8．借入金はすべて当期6月1日に利率年2％の条件で借り入れたもので、利息は毎年5月末日と11月末日に各半年分を支払う契約となっている。

9．受取家賃は12か月分であり、そのうち4か月分が未経過である。

10. 消費税の処理を行う。

11. 当期の法人税、住民税及び事業税の金額は￥261,000と算定された。

問1　答案用紙の精算表を完成しなさい。

問2　決算整理後の建物の帳簿価額を答えなさい。

まるっと完全予想問題集
第４回　答案用紙

受験番号

氏　　名

３　級　④

商　業　簿　記

(2)

得　意　先　元　帳

千葉株式会社　　得１

×8年		摘　　要	仕丁	借　　方	×8年		摘　　要	仕丁	貸　　方
9	1	前　月　繰　越	✓	150,000					

仕　訳　日　計　表

×8年９月１日　　110

借　　方	元丁	勘　定　科　目	元丁	貸　　方
		現　　　金		
		売　掛　金		
		支　払　手　形		
		買　掛　金		
		売　　　上		
		仕　　　入		
		通　信　費		

総　勘　定　元　帳

現　　金　　1

×8年		摘　　要	仕丁	借　　方	×8年		摘　　要	仕丁	貸　　方
9	1	前　月　繰　越	✓	55,000					

まるっと完全予想問題集
第4回　答案用紙

受験番号 ____________

氏　名 ____________

3級 ⑤

商業簿記

採点欄
第3問

第3問（35点）

決算整理後残高試算表

×8年3月31日　　(単位：円)

借方	勘定科目	貸方
	現金	
	当座預金	
	受取手形	
	売掛金	
	繰越商品	
	貯蔵品	
	(　　　)保険料	
	(　　　)利息	
	貸付金	
	建物	
	備品	
	土地	
	支払手形	
	買掛金	
	前受金	
	貸倒引当金	
	建物減価償却累計額	
	備品減価償却累計額	
	未払消費税	
	未払法人税等	
	資本金	
	繰越利益剰余金	
	売上	
	受取利息	
	仕入	
	給料	
	減価償却費	
	貸倒引当金繰入	
	通信費	
	租税公課	
	保険料	
	雑損	
	法人税、住民税及び事業税	

第3問（35点）

会計期間を４月１日から３月31日までとする群馬株式会社の×7年度末における、次の［**決算整理前残高試算表**］、［**決算日に判明した事項**］および［**決算整理事項**］にもとづいて、答案用紙の決算整理後残高試算表を完成しなさい。なお、消費税の仮受け・仮払いは売上取引・仕入取引のみで行うものとする。

［**決算整理前残高試算表**］

決算整理前残高試算表

×8年３月31日　　（単位：円）

借　方	勘定科目	貸　方
44,800	現金	
2,400	現金過不足	
279,200	当座預金	
60,800	受取手形	
91,200	売掛金	
200,000	仮払金	
32,800	繰越商品	
52,000	仮払消費税	
320,000	貸付金	
1,440,000	建物	
160,000	備品	
1,088,000	土地	
	支払手形	59,200
	買掛金	87,200
	前受金	19,200
	仮受消費税	102,800
	貸倒引当金	1,600
	建物減価償却累計額	388,800
	備品減価償却累計額	96,000
	資本金	2,000,000
	繰越利益剰余金	670,000
	売上	1,028,000
520,000	仕入	
134,400	給料	
9,600	通信費	
4,800	租税公課	
12,800	保険料	
4,452,800		4,452,800

［**決算日に判明した事項**］

(1)　現金過不足につき、その原因を調査したところ通信費¥1,600の記帳もれが判明した。しかし、残額については原因不明のため適切な処理を行う。

(2)　得意先から商品の内金¥16,000を現金で受け取っていたが、これを売掛金の回収として処理していたことが判明した。

(3)　仮払金は全額備品の購入金額であることが判明した。なお、備品は１月１日に引き渡しを受けすぐに使用を始めた。

［**決算整理事項**］

(1)　期末商品棚卸高は¥30,400である。

(2)　受取手形および売掛金の期末残高に対して４％の貸倒引当金を差額補充法により設定する。

(3)　建物および備品について定額法によって減価償却を行う。なお、当期中に取得した備品については月割りで減価償却費を計上する。

　建　物　残存価額：取得原価の10%　耐用年数　30年

　備　品　残存価額：ゼロ　耐用年数　５年

(4)　収入印紙の未使用高が¥800ある。

(5)　保険料のうち¥9,600は、９月１日に支払った建物に対する１年分の火災保険料である。よって未経過分を月割計算により前払処理する。

(6)　貸付金は、６月１日に貸付期間１年、利率年1.2%の条件で貸し付けたもので、利息は返済時に一括して受け取ることになっている。なお、利息の計算は月割りによる。

(7)　消費税の処理（税抜処理）を行う。

(8)　当期の法人税、住民税及び事業税は¥91,000と算定された。

まるっと完全予想問題集
第3回　答案用紙

3　級　④

受験番号

氏　　名

商　業　簿　記

採　点　欄	
第3問	

第3問（35点）

精　　算　　表　　　　　　　　　　　　（単位：円）

勘定科目	試算表		修正記入		損益計算書		貸借対照表	
	借方	貸方	借方	貸方	借方	貸方	借方	貸方
現金	96,000							
当座預金	87,400							
受取手形	9,600							
売掛金	10,800							
繰越商品	27,600							
仮払消費税	25,800							
仮払法人税等	35,000							
建物	240,000							
備品	120,000							
土地	240,000							
支払手形		3,240						
買掛金		3,960						
前受金		2,400						
仮受消費税		53,100						
貸倒引当金		240						
建物減価償却累計額		64,800						
備品減価償却累計額		48,000						
資本金		300,000						
繰越利益剰余金		178,860						
売上		531,000						
受取地代		1,800						
仕入	258,000							
給料	25,200							
租税公課	5,000							
保険料	7,000							
	1,187,400	1,187,400						
売上原価								
雑（　　）								
貸倒引当金繰入								
減価償却費								
（　　　）								
（　　）地代								
（　　）給料								
（　　）消費税								
法人税、住民税及び事業税								
（　　）法人税等								
当期純（　　）								

第3問（35点）

次の期末整理事項その他によって答案用紙の精算表を完成しなさい。なお、消費税の仮受け・仮払いは売上取引・仕入取引のみ行うものとする。会計期間は×2年４月１日から×3年３月31日までの１年である。

1．前受金は全額得意先岡山株式会社から注文を受けた際に受け取ったものであるが、この商品を販売した際に、誤って全額掛けで販売したものとして処理していることが判明した。

2．当座預金口座より買掛金¥1,800を支払っていたが未記帳となっている。

3．現金の実際有高を確認したところ、¥93,600であった。現金の帳簿残高と実際有高との差額は、雑損または雑益として計上する。

4．商品の期末棚卸高は¥34,800であった。なお、売上原価は「売上原価」の行で計算する。

5．売上債権の期末残高に対して実績率を用いて４％の貸倒れを見積る。貸倒引当金の設定は、差額補充法による。

6．建物および備品について、定額法により減価償却を行う。

建　　物：耐用年数30年、残存価額は取得原価の10％

備　　品：耐用年数５年、残存価額はゼロ

なお、備品のうち¥24,000は当期の10月１日に取得し同日より使用を開始したものであり、当期分の減価償却を月割計算により行う。

7．消費税の処理（税抜方式）を行う。

8．期中に租税公課勘定で処理している収入印紙の未使用高¥720を貯蔵品勘定へ振り替える。

9．受取地代は、３年前より土地の一部を賃貸しているものであり、毎年同額を１月31日に過去１年分として受け取っている。

10. 従業員に対する給料の経過分¥1,200を計上する。

11. 当期の法人税、住民税及び事業税の金額は¥72,000と算定された。仮払法人税等との差額を未払法人税等として計上する。

まるっと完全予想問題集
第２回　答案用紙

３　級　④

商　業　簿　記

受験番号

氏　　名

採　点　欄	
第３問	

第３問（35点）

損　益　計　算　書

愛媛株式会社　　×8年（　　）月（　　）日～×9年（　　）月（　　）日　　（単位：円）

費　　　用	金　　　額	収　　　益	金　　　額
売　上　原　価	（　　　　）	売　上　高	162,130,000
給　　　料	7,410,000	受　取　利　息	（　　　　）
広　告　宣　伝　費	（　　　　）	受　取　手　数　料	（　　　　）
支　払　家　賃	（　　　　）		
法　定　福　利　費	4,029,000		
貸倒引当金繰入	（　　　　）		
減　価　償　却　費	（　　　　）		
旅　費　交　通　費	（　　　　）		
法人税、住民税及び事業税	（　　　　）		
当　期　純　利　益	（　　　　）		
	（　　　　）		（　　　　）

貸　借　対　照　表

愛媛株式会社　　×9年（　　）月（　　）日　　（単位：円）

資　　　産	金　　　額		負債及び純資産	金　　　額
現　　　金		（　　　　）	支　払　手　形	38,020,000
当　座　預　金		（　　　　）	買　掛　金	28,315,000
定　期　預　金		（　　　　）	未払法人税等	（　　　　）
受　取　手　形	20,817,000		未　払　消　費　税	（　　　　）
貸　倒　引　当　金	（△　　　　）	（　　　　）	未　払　費　用	（　　　　）
売　掛　金	（　　　　）		社会保険料預り金	518,700
貸　倒　引　当　金	（△　　　　）	（　　　　）	資　本　金	136,500,000
商　　　品		（　　　　）	繰越利益剰余金	（　　　　）
前　払　費　用		（　　　　）		
備　　　品	20,613,600			
減価償却累計額	（△　　　　）	（　　　　）		
		（　　　　）		（　　　　）

第3問（35点）

次の決算整理前残高試算表、および決算整理事項等にもとづいて、損益計算書と貸借対照表を完成しなさい。会計期間は、×8年４月１日から×9年３月31日までの１年間である。なお、消費税の仮受け・仮払いは売上取引・仕入取引のみで行うものとする。

決算整理前残高試算表
×9年３月31日

借　方	勘　定　科　目	貸　方
136,050,000	現　金	
	現　金　過　不　足	35,000
123,023,100	当　座　預　金	
2,000,000	定　期　預　金	
20,817,000	受　取　手　形	
30,130,000	売　掛　金	
	未　収　入　金	250,000
7,012,300	仮　払　消　費　税	
260,000	仮　払　金	
9,230,000	繰　越　商　品	
20,613,600	備　品	
	支　払　手　形	38,020,000
	買　掛　金	28,315,000
	仮　受　消　費　税	16,213,000
	社会保険料預り金	518,700
	貸　倒　引　当　金	662,000
	備品減価償却累計額	6,584,900
	資　本　金	136,500,000
	繰越利益剰余金	55,570,700
	売　上	162,130,000
	受　取　手　数　料	6,248,000
70,123,000	仕　入	
7,410,000	給　料	
4,950,000	広　告　宣　伝　費	
12,250,000	支　払　家　賃	
4,029,000	法　定　福　利　費	
3,149,300	減　価　償　却　費	
451,047,300		451,047,300

［決算整理事項等］

1．商品代金の未収額¥250,000を自己振出の小切手で回収したさいに、借方科目を現金、貸方科目を未収入金と仕訳していたことが判明した。

2．仮払金¥260,000は、かねて旅費交通費の支払いのため従業員へ概算払いしていたものであるが、すでに従業員が旅費交通費¥225,000を支払い残金¥35,000を受け取り済みであることが判明した。なお、受け取った残金は現金過不足と一致している。

3．定期預金のうち¥1,000,000が満期になったため、利息¥2,000を含めた合計額が当座預金口座に振り替えられたが、この取引が未処理である。

4．売上債権の期末残高に対して２％の貸倒れを見積もる。貸倒引当金の設定は差額補充法による。

5．期末商品の棚卸高は¥11,325,000であった。なお、売上原価は仕入勘定で計算する。

6．備品について定額法で減価償却を行う。

　耐用年数：６年
　残存価額：０（ゼロ）

　減価償却費については、備品の期首の残高を基礎として毎月¥286,300を４月から２月までの11か月間見積り計上してきており、決算月も同様の処理を行う。

7．消費税の処理（税抜方式）を行う。

8．毎月の広告宣伝費を翌月末に支払う契約をしているため、３月分の広告宣伝費¥450,000を未払計上する。

9．偶数月の月末にむこう２か月分の家賃¥980,000を支払っているため、決算にあたり適切に処理する。

10．当期の法人税、住民税及び事業税は¥26,218,000と算定された。

まるっと完全予想問題集
第１回　答案用紙

受験番号＿＿＿＿＿＿＿＿＿＿

氏　　名＿＿＿＿＿＿＿＿＿＿

３　級　④

商　業　簿　記

(2)

当座預金出納帳

A　銀　行

×2年		摘　　要	預　入	引　出	借／貸	残　高
12	1	前月繰越	(　　　)		借	(　　　)
	4	品川株式会社より仕入		(　　　)	貸	148,500
	22	渋谷株式会社へ売上	207,000		借	(　　　)
	29	上野株式会社へ手形代金支払		81,000	貸	22,500
	31	次月繰越	(　　　)			
			351,000	351,000		
1	1	前月繰越		22,500	貸	22,500

B　銀　行

×2年		摘　　要	預　入	引　出	借／貸	残　高
12	1	前月繰越	54,000		借	54,000
	8	神田株式会社より売掛金回収	(　　　)		借	(　　　)
	25	目黒株式会社へ買掛金支払		108,000	貸	(　　　)
	31	次月繰越	(　　　)			
			108,000	108,000		
1	1	前月繰越		9,000	貸	9,000

当座預金

日付	摘要	金額	日付	摘要	金額
12/1	前月繰越	175,500	12/4	仕　入	270,000
8	(　　　)	45,000	25	買掛金	(　　　)
22	売　上	(　　　)	29	(　　　)	(　　　)
31	次月繰越	(　　　)			
		(　　　)			(　　　)
			1/1	前月繰越	(　　　)

まるっと完全予想問題集
第１回　答案用紙

３　級　⑤

商　業　簿　記

受験番号

氏　　名

採　点　欄	
第３問	

第３問（35点）

問１

決算整理後残高試算表

借　　方	勘定科目	貸　　方
	現金	
	普通預金	
	受取手形	
	売掛金	
	繰越商品	
	（　　　）家賃	
	備品	
	支払手形	
	買掛金	
	借入金	
	未払金	
	（　　　）利息	
	未払消費税	
	貸倒引当金	
	備品減価償却累計額	
	資本金	
	繰越利益剰余金	
	売上	
	受取手数料	
	固定資産売却益	
	仕入	
	給料	
	通信費	
	消耗品費	
	支払家賃	
	減価償却費	
	貸倒引当金繰入	
	支払利息	

問２　（¥　　　　　　　　　　）

第3問（35点）

当社（会計期間は×5年3月31日までの1年間）の⑴決算整理前残高試算表および⑵決算整理事項等にもとづいて、下記の各問いに答えなさい。なお、法人税等は考慮外とし、消費税の仮受け・仮払いは売上取引・仕入取引のみで行うものとする。

⑴　決算整理前残高試算表

決算整理前残高試算表

借　方	勘定科目	貸　方
179,480	現金	
	現金過不足	200
313,440	普通預金	
34,800	受取手形	
34,320	売掛金	
	未収入金	9,120
1,000	仮払金	
19,200	繰越商品	
21,180	仮払消費税	
9,500	土地	
96,000	備品	
	支払手形	14,360
	買掛金	29,760
	借入金	240,000
	未払金	2,880
	仮受消費税	28,720
	貸倒引当金	960
	備品減価償却累計額	19,200
	資本金	303,080
	繰越利益剰余金	58,000
	売上	287,200
	受取手数料	24,220
211,800	仕入	
43,780	給料	
3,000	通信費	
1,000	消耗品費	
43,200	支払家賃	
6,000	支払利息	
1,017,700		1,017,700

⑵　決算整理事項等

1．商品代金の未収額￥9,120を現金で回収し、ただちに普通預金とした際に、借方科目を現金、貸方科目を未収入金と仕訳していたことが判明した。

2．仮払金は、かねて消耗品の購入のために従業員へ概算払いしていたものであるが、すでに従業員が購入して残金を受け取り済みであることが判明した。なお、受け取った残金は現金過不足の残高と一致しており、購入額は費用処理する。

3．当期の2月1日に備品￥48,000を普通預金口座から支払い購入し、同日から使用していたが未処理である。

4．当期首に￥9,500で購入していた土地を、￥9,800で売却し、代金は普通預金口座に振り込まれていたが未処理である。

5．売上債権の期末残高に対して4％の貸倒れを見積もる。貸倒引当金の設定は、差額補充法による。

6．商品の期末棚卸高は￥38,400であった。なお、売上原価は仕入の行で計算する。

7．備品について、耐用年数5年の定額法により減価償却を行う。なお、残存価額はゼロである。また、当期に取得した備品も同様に減価償却を行うが月割計算による。

8．消費税の処理（税抜処理）を行う。

9．家賃は、前期以前から毎期同額を8月1日に向こう1年分として支払っている。

10．借入金（前期の2月1日に期間3年で借り入れ）の利息は毎年1月31日に過去1年分を支払っている。

問1　答案用紙の決算整理後残高試算表を完成させなさい。

問2　当期純利益または当期純損失の金額を答えなさい（当期純損失の場合は金額の頭に△を付すこと）。

別冊②

問題用紙・答案用紙

第 6 回～第10回

※使い方は中面をご覧ください

答案用紙はダウンロードもご利用いただけます。

TAC出版書籍販売サイト・サイバーブックストアにアクセスしてください。

https://bookstore.tac-school.co.jp/

問題・答案用紙の使い方

この冊子には、問題用紙と答案用紙がとじ込まれています。下記を参考に、第６回から第10回までの問題用紙・答案用紙に分けてご利用ください。

STEP1

一番外側の色紙を残して、
問題用紙・答案用紙の冊子を取り外してください。

STEP2

取り外した冊子を開いて真ん中にあるホチキスの針を、定規やホチキスの針外し（ステープルリムーバーなど）を利用して取り外してください。

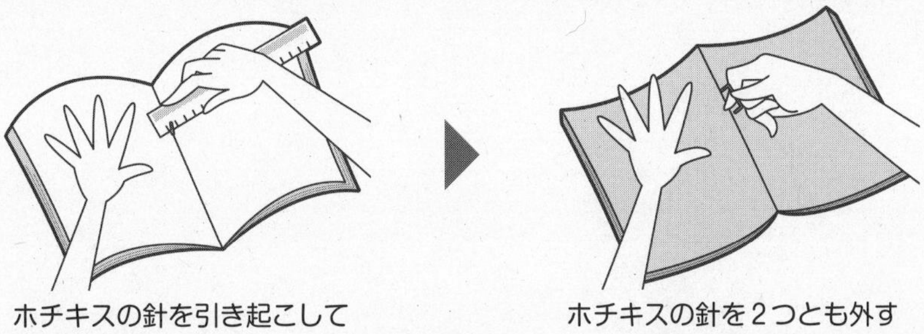

STEP3

第６回から第10回までに分ければ準備完了です。

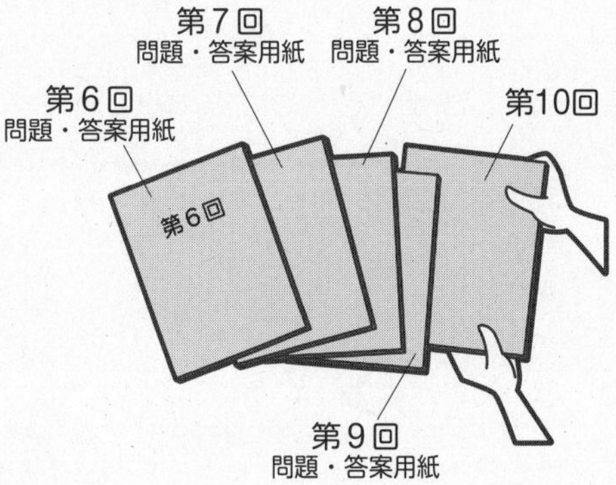

- 作業中のケガには十分お気をつけください。
- 取り外しの際の損傷についてのお取り替えはご遠慮願います。

答案用紙はダウンロードもご利用いただけます。
TAC出版書籍販売サイト、サイバーブックストアにアクセスしてください。

TAC出版　検索

3 級

日商簿記検定試験対策
まるっと完全予想問題集
問　題　用　紙

（制限時間　60分）

第 6 回

TAC簿記検定講座

第1問（45点）

下記の各取引について仕訳しなさい。ただし、勘定科目は、設問ごとに最も適当と思われるものを選び、答案用紙の（　）の中に記号で解答すること。なお、消費税は指示された問題のみ考慮すること。

1．普通預金口座から利息￥60,000が引き落とされた。

ア．当座預金　イ．支払利息　ウ．現金　エ．普通預金　オ．受取利息　カ．支払手数料

2．秋田株式会社へ振り出した約束手形の代金￥160,000が当座預金口座から引き落とされた。

ア．仮払金　イ．当座預金　ウ．未払金　エ．普通預金　オ．買掛金　カ．支払手形

3．コンビニエンスストアで、郵便切手￥800を現金で購入するとともに、事務所として使用している建物の固定資産税￥55,000を現金で納付した。なお、郵便切手はすぐに使用した。

ア．支払家賃　イ．現金　ウ．仮受消費税　エ．租税公課　オ．通信費　カ．支払手数料

4．福島株式会社は、取引銀行より、得意先富山株式会社に対する売掛金￥870,000について、電子債権記録機関において債権の発生記録が行われた旨の通知を受けた。

ア．電子記録債務　イ．クレジット売掛金　ウ．当座預金　エ．電子記録債権　オ．売掛金　カ．未収入金

5．香川株式会社に￥1,500,000を貸付け、同額の約束手形を受け取り、利息￥30,000を差し引いた残額を当社の当座預金口座から香川株式会社の普通預金口座に振り込んだ。

ア．手形貸付金　イ．当座預金　ウ．貸付金　エ．受取手数料　オ．普通預金　カ．受取利息

6．前期の決算において、前受処理した家賃￥300,000について、本日（当期首）に再振替仕訳を行った。

ア．前受家賃　イ．未収家賃　ウ．受取家賃　エ．未払家賃　オ．支払家賃　カ．前払家賃

7．月末に現金の実査を行ったところ、現金の実際有高が帳簿残高より￥42,000過剰であることが判明したため、帳簿残高と実際有高を一致させる処理を行うとともに、引き続き原因を調査することとした。なお、当社では、現金過不足の雑益または雑損勘定への振り替えは、決算時に行うこととしている。

ア．雑益　イ．雑損　ウ．現金過不足　エ．現金　オ．前受金　カ．貯蔵品

8．店舗建物の賃貸借契約を解除し、敷金￥800,000について、原状回復のための費用￥300,000を差し引かれた残額が当座預金口座に振り込まれた。

ア．普通預金　イ．当座預金　ウ．差入保証金　エ．支払地代　オ．修繕費　カ．建物

9．得意先山形株式会社に対する売掛金のうち￥235,000は普通為替証書（郵便為替証書）で、￥125,000は同社振出の小切手で受け取った。

ア．売上　イ．通信費　ウ．当座預金　エ．仮受金　オ．現金　カ．売掛金

10．徳島株式会社に対する買掛金￥150,000と売掛金￥80,000が同日の決済日であったため、徳島株式会社の承諾を得て両者を相殺し、超過した買掛金￥70,000については現金で支払った。

ア．現金　イ．当座預金　ウ．買掛金　エ．仮払金　オ．仮受金　カ．売掛金

11. 事業に使用するために消耗品費¥1,500をICカードにより支払った。なお、ICカードのチャージ（入金）については、チャージ時に仮払金勘定で処理している。

ア. 現金　イ. 仮受金　ウ. 当座預金　エ. 消耗品費　オ. 仮払金　カ. 旅費交通費

12. 得意先鳥取株式会社から、前期に貸倒れとして処理した売掛金¥800,000のうち¥500,000が回収され、当座預金口座に振り込まれたが、誤って貸方を売掛金として処理していたことが判明したので、本日これを訂正する。訂正にあたっては、取引記録のすべてを訂正する方法ではなく、記録の誤りのみを部分的に修正する方法によること。

ア. 売掛金　イ. 貸倒引当金　ウ. 貸倒損失　エ. 当座預金　オ. 償却債権取立益　カ. 売上

13. 仕入先千葉株式会社に注文していた商品¥440,000（消費税10％を含む）が到着した。消費税を含む商品代金のうち25％は手付金としてあらかじめ支払済みであるため相殺し、残額は掛けとした。なお、消費税は税抜方式で処理する。

ア. 前払金　イ. 買掛金　ウ. 仮受消費税　エ. 仕入　オ. 仮払金　カ. 仮払消費税

14. 岩手株式会社は第12期の株主総会において、繰越利益剰余金の一部を次のように処分することを決定した。

利益準備金の積み立て：¥600,000　　株主配当金：¥6,000,000

ア. 利益準備金　イ. 資本金　ウ. 繰越利益剰余金　エ. 未払配当金　オ. 未払金　カ. 当座預金

15. 高知株式会社は、以下の請求書の控えにもとづいて仕訳を行った。なお、代金は来月末に受け取る。

請　求　書（控）

兵庫株式会社　御中

高知株式会社

品　物	数　量	単　価	金　額
ミルククッキー	400	200	¥　80,000
ミックスクッキー	300	400	¥120,000
チョコクッキー	1,000	300	¥300,000
	合　計		¥500,000

×5年11月30日までに合計額を下記口座へお振込みください。

M銀行○×支店　当座　3456789　コウチ（カ

ア. 現金　イ. 売上　ウ. 普通預金　エ. 受取手形　オ. 売掛金　カ. 当座預金

第2問（20点）

⑴　以下の取引について答案用紙の勘定に記入しなさい。当社の会計期間は３月31日を決算日とする１年である。

ただし、勘定記入に用いる勘定科目等に関しては、下記の選択肢の中から最も適当であると思われるものを選び、**ア～クの記号**で解答すること。なお、記号は何度使用してもよい。

ア．前期繰越　　イ．次期繰越　　ウ．利益準備金　　エ．繰越利益剰余金　　オ．損益

カ．未払配当金　　キ．未払法人税等　　ク．法人税等

［繰越利益剰余金に関する取引］

×1年６月30日　株主総会が開催され、繰越利益剰余金から次のとおり配当金の支払い等を行うことが決議された。

なお、配当金の支払いが行われるのは７月以降である。

配当金：￥200,000　利益準備金の積立て：￥20,000

×2年３月31日　決算日を迎え、決算整理後の収益および費用の各勘定残高（法人税等を除く）は解答欄の損益勘定のとおりであった。当期の法人税等は、税引前の利益に対して30％である。

⑵　以下に示すＡ商品の取引等について、商品有高帳の（　）欄に適切な数値を記入し（摘要欄は記入しなくてもよい）、９月中のＡ商品の売上総利益の金額を解答欄に記入しなさい。Ａ商品の払出単価は移動平均法によって算定している。なお、仕入戻しがあった場合は払出欄に記録する。消費税は考慮しないものとし、また、帳簿の締め切りと次月への繰越記入は不要である。

９月１日　Ａ商品の月初有高は￥20,000（単価￥100×200個）であった。

９月７日　Ａ商品を単価￥120で300個仕入れた。

９月18日　Ａ商品を単価￥330で200個売り上げた。

９月21日　Ａ商品を単価￥140で100個仕入れた。

９月22日　21日に仕入れたＡ商品のうち50個が品違いであったことが判明し、返品した。

受験番号

3級

答案用紙

日商簿記検定試験対策

まるっと完全予想問題集

（制限時間　60分）

第6回

TAC簿記検定講座

まるっと完全予想問題集
第6回　答案用紙

3 級 ①

商 業 簿 記

受験番号

氏　　名

総合点

採点欄	
第1問	

第1問（45点）

	借方		貸方	
	記号	金額	記号	金額
1	(　　)		(　　)	
	(　　)		(　　)	
	(　　)		(　　)	
	(　　)		(　　)	
2	(　　)		(　　)	
	(　　)		(　　)	
	(　　)		(　　)	
	(　　)		(　　)	
3	(　　)		(　　)	
	(　　)		(　　)	
	(　　)		(　　)	
	(　　)		(　　)	
4	(　　)		(　　)	
	(　　)		(　　)	
	(　　)		(　　)	
	(　　)		(　　)	
5	(　　)		(　　)	
	(　　)		(　　)	
	(　　)		(　　)	
	(　　)		(　　)	
6	(　　)		(　　)	
	(　　)		(　　)	
	(　　)		(　　)	
	(　　)		(　　)	
7	(　　)		(　　)	
	(　　)		(　　)	
	(　　)		(　　)	
	(　　)		(　　)	
8	(　　)		(　　)	
	(　　)		(　　)	
	(　　)		(　　)	
	(　　)		(　　)	

（次ページに続く）

まるっと完全予想問題集
第6回　答案用紙

受験番号＿＿＿＿＿＿＿＿＿＿

氏　　名＿＿＿＿＿＿＿＿＿＿

3　級　②

商　業　簿　記

（前ページより）

	借　方		貸　方	
	記　号	金　額	記　号	金　額
9	(　　)		(　　)	
	(　　)		(　　)	
	(　　)		(　　)	
	(　　)		(　　)	
10	(　　)		(　　)	
	(　　)		(　　)	
	(　　)		(　　)	
	(　　)		(　　)	
11	(　　)		(　　)	
	(　　)		(　　)	
	(　　)		(　　)	
	(　　)		(　　)	
12	(　　)		(　　)	
	(　　)		(　　)	
	(　　)		(　　)	
	(　　)		(　　)	
13	(　　)		(　　)	
	(　　)		(　　)	
	(　　)		(　　)	
	(　　)		(　　)	
14	(　　)		(　　)	
	(　　)		(　　)	
	(　　)		(　　)	
	(　　)		(　　)	
15	(　　)		(　　)	
	(　　)		(　　)	
	(　　)		(　　)	
	(　　)		(　　)	

まるっと完全予想問題集
第6回　答案用紙

3　級　③

商　業　簿　記

受験番号＿＿＿＿＿＿＿＿＿＿＿＿

氏　　名＿＿＿＿＿＿＿＿＿＿＿＿

採　点　欄	
第2問	

第2問（20点）

(1)

損　　益

×2年3/31	仕　　入	1,500,000	×2年3/31	売　　上	2,700,000
〃	その他費用	200,000	〃	受取利息	100,000
〃	[　　　]	〈　　　〉			
〃	[　　　]	〈　　　〉			
		2,800,000			2,800,000

利益準備金

×2年3/31	[　　　]	〈　　　〉	×1年4/1	前期繰越	200,000
			×1年6/30	[　　　]	〈　　　〉
		〈　　　〉			〈　　　〉

繰越利益剰余金

×1年6/30	未払配当金	200,000	×1年4/1	前期繰越	1,700,000
〃	[　　　]	〈　　　〉	×2年3/31	[　　　]	〈　　　〉
×2年3/31	[　　　]	〈　　　〉			
		〈　　　〉			〈　　　〉

(2)

商　品　有　高　帳

×1年		摘　要	受　入			払　出			残　高		
			数量	単価	金額	数量	単価	金額	数量	単価	金額
9	1		(　)	(　)	(　)				(　)	(　)	(　)
	7		(　)	(　)	(　)				(　)	(　)	(　)
	18					(　)	(　)	(　)	(　)	(　)	(　)
	21		(　)	(　)	(　)				(　)	(　)	(　)
	22					(　)	(　)	(　)	(　)	(　)	(　)

9月中のA商品の売上総利益	¥

3 級

日商簿記検定試験対策
まるっと完全予想問題集
問 題 用 紙

（制限時間　60分）

第 7 回

TAC簿記検定講座

第1問（45点）

下記の各取引について仕訳しなさい。ただし、勘定科目は、設問ごとに最も適当と思われるものを選び、答案用紙の（　）の中に記号で解答すること。なお、消費税は指示された問題のみ考慮すること。

1．愛知株式会社に商品を注文し、手付金として￥20,000を小切手を振り出して支払った。

ア．買掛金　イ．仮払金　ウ．仕入　エ．未払金　オ．前払金　カ．当座預金

2．得意先から先月締めの掛代金￥400,000を回収して、振込手数料￥200（当社負担）を差し引かれた残額が当社の当座預金口座に振り込まれた。

ア．当座預金　イ．クレジット売掛金　ウ．売掛金　エ．現金　オ．支払手数料　カ．未収入金

3．池袋株式会社から商品￥270,000を仕入れ、代金のうち￥120,000は掛けとし、残額については池袋株式会社宛の約束手形を振り出して支払った。なお、引取運賃￥1,500については現金で支払った。

ア．現金　イ．買掛金　ウ．支払手形　エ．仕入　オ．繰越商品　カ．売掛金

4．販売用の家具を購入し、品物とともに次の納品書を受け取り、代金のうち￥100,000はさきに支払った内金と相殺し、残額を普通預金口座より支払った。なお、この家具の購入に係る引取運賃￥8,500は現金で支払った。

納品書

株式会社東京商事 御中

京都家具株式会社

品　　物	数量	単価	金額
テーブル	7	20,000	￥　140,000
イス	14	5,000	￥　70,000
		合　計	￥　210,000

ア．現金　イ．前受金　ウ．備品　エ．仕入　オ．前払金　カ．普通預金

5．社員の出張にあたり、旅費の概算額￥12,000を現金で前渡ししていたが、出張から帰った従業員から旅費交通費明細の報告を受け、旅費交通費が仮払額より￥7,000超過していたので小切手を振り出して渡した。

ア．旅費交通費　イ．従業員立替金　ウ．前払金　エ．未払金　オ．仮払金　カ．当座預金

6．7月8日、本年度の雇用保険料（概算）￥72,000を現金で一括納付した。このうち会社負担分は、￥48,000であり、残額は従業員負担分（月額相当額￥2,000）である。従業員負担分は、4～6月分については過去の給料から毎月月額相当額を差し引いているため、これを充当するが、7月以降の9か月分は会社が概算で立て替えて支払う。

ア．現金　イ．従業員預り金　ウ．所得税預り金　エ．社会保険料預り金　オ．従業員立替金
カ．法定福利費

7．出張中の社員から、当座預金口座に￥400,000が入金されたが、その内容は不明である。

ア．前受金　イ．仮受金　ウ．普通預金　エ．当座預金　オ．現金　カ．未収入金

8．埼玉株式会社に対して同社振出しの約束手形を受け取って貸し付けていた¥1,230,000の満期日になり、同額と利息¥70,000が当座預金口座に振り込まれたので、約束手形を同社に返却した。

ア．受取手数料　イ．当座預金　ウ．貸付金　エ．手形貸付金　オ．受取利息　カ．現金

9．現金の実際有高について実査を行った際に、帳簿残高より¥2,000少なかったため現金過不足勘定で処理していた。本日、決算にあたり原因を調査したところ、収入印紙の購入額¥9,000（決算までに全て使用済み）が未記帳であること、また、売掛金¥6,000を他人振出の小切手で受け取った際、借方を当座預金と誤記入していたことがわかった。なお、残額については原因不明のため、雑損または雑益として処理することとした。

ア．雑益　イ．雑損　ウ．損益　エ．租税公課　オ．当座預金　カ．現金過不足

10．前期の決算において、当座借越勘定に振り替えていた当座預金の貸方残高¥60,000について、本日（当期首）、再振替仕訳を行った。

ア．仮払金　イ．支払手形　ウ．当座預金　エ．当座借越　オ．買掛金　カ．現金

11．銀行から¥6,000,000を期間９か月（年利率８％）で借り入れていたが、返済期日となり借入期間の利息とともに小切手を振り出して支払った。

ア．手形借入金　イ．借入金　ウ．当座預金　エ．現金　オ．支払手数料　カ．支払利息

12．従業員が負担すべき生命保険料¥85,000を当社が小切手を振り出して立替払いした。

ア．従業員立替金　イ．従業員預り金　ウ．保険料　エ．当座預金　オ．現金　カ．法定福利費

13．Ａ銀行とＢ銀行に当座預金口座を開設し、それぞれ現金¥100,000を預け入れた。なお、管理のために口座ごとに勘定を設定する。

ア．当座預金Ａ銀行　イ．当座預金Ｂ銀行　ウ．普通預金Ａ銀行　エ．定期預金　オ．普通預金Ｂ銀行　カ．現金

14．当期の決算において、売掛金の残高¥300,000に対して、３％の貸倒引当金を設定する。なお、貸倒引当金の期末残高は¥12,000である。

ア．貸倒引当金繰入　イ．貸倒引当金戻入　ウ．貸倒損失　エ．売掛金　オ．売上　カ．貸倒引当金

15．営業用の車両¥1,000,000を購入し、代金のうち¥300,000は小切手を振り出して支払い、残額については翌月末から７回の分割払いとした。

ア．車両運搬具　イ．未払金　ウ．現金　エ．当座預金　オ．前払金　カ．普通預金

第２問（20点）

⑴　山梨株式会社は、佐賀株式会社、徳島株式会社および三重株式会社を販売先にしており、得意先元帳を設けている。そこで、次の得意先元帳の記入をもとにして、答案用紙の売掛金勘定の空欄を埋めなさい。ただし、期首の貸倒引当金の残高は¥96,000であった。

得　意　先　元　帳

佐賀株式会社

4/1	前期繰越	594,000	12/26	現金にて回収	1,617,000
6/12	売上	1,200,000	3/31	次期繰越	972,000
11/9	売上	795,000			
		2,589,000			2,589,000

徳島株式会社

4/1	前期繰越	615,000	2/8	約束手形にて回収	1,371,000
8/21	売上	1,023,000	3/31	次期繰越	555,000
1/20	売上	288,000			
		1,926,000			1,926,000

三重株式会社

4/1	前期繰越	228,000	4/6	貸倒れ	228,000

⑵　次の取引を小口現金出納帳に記入し、週末における締め切りと資金の補給に関する記入を行いなさい。ただし、小口現金係は毎週月曜日に前週の支払いを報告し、ただちに資金の補給を受けることになっている。なお、資金の補給方法はインプレスト・システム（定額資金前渡制）によっている。

8月22日（月）	接待用お茶代	¥13,300
23日（火）	地下鉄のきっぷ代	¥ 4,200
24日（水）	切手・はがき代	¥ 5,600
25日（木）	文房具代	¥ 8,050
26日（金）	電話料金	¥10,500
	コピー用紙	¥15,750

受験番号

3級

答案用紙

日商簿記検定試験対策
まるっと完全予想問題集

（制限時間　60分）

第７回

TAC簿記検定講座

まるっと完全予想問題集
第7回　答案用紙

3　級　①

商　業　簿　記

受験番号

氏　　名

総合点

採点欄	
第1問	

第1問（45点）

	借方		貸方	
	記号	金額	記号	金額
1	(　　)		(　　)	
	(　　)		(　　)	
	(　　)		(　　)	
	(　　)		(　　)	
2	(　　)		(　　)	
	(　　)		(　　)	
	(　　)		(　　)	
	(　　)		(　　)	
3	(　　)		(　　)	
	(　　)		(　　)	
	(　　)		(　　)	
	(　　)		(　　)	
4	(　　)		(　　)	
	(　　)		(　　)	
	(　　)		(　　)	
	(　　)		(　　)	
5	(　　)		(　　)	
	(　　)		(　　)	
	(　　)		(　　)	
	(　　)		(　　)	
6	(　　)		(　　)	
	(　　)		(　　)	
	(　　)		(　　)	
	(　　)		(　　)	
7	(　　)		(　　)	
	(　　)		(　　)	
	(　　)		(　　)	
	(　　)		(　　)	
8	(　　)		(　　)	
	(　　)		(　　)	
	(　　)		(　　)	
	(　　)		(　　)	

（次ページに続く）

まるっと完全予想問題集
第７回　答案用紙

３　級　②

受験番号＿＿＿＿＿＿＿＿＿＿

氏　　名＿＿＿＿＿＿＿＿＿＿

商　業　簿　記

（前ページより）

	借　　方		貸　　方	
	記　　号	金　　額	記　　号	金　　額
9	(　　　)		(　　　)	
	(　　　)		(　　　)	
	(　　　)		(　　　)	
	(　　　)		(　　　)	
10	(　　　)		(　　　)	
	(　　　)		(　　　)	
	(　　　)		(　　　)	
	(　　　)		(　　　)	
11	(　　　)		(　　　)	
	(　　　)		(　　　)	
	(　　　)		(　　　)	
	(　　　)		(　　　)	
12	(　　　)		(　　　)	
	(　　　)		(　　　)	
	(　　　)		(　　　)	
	(　　　)		(　　　)	
13	(　　　)		(　　　)	
	(　　　)		(　　　)	
	(　　　)		(　　　)	
	(　　　)		(　　　)	
14	(　　　)		(　　　)	
	(　　　)		(　　　)	
	(　　　)		(　　　)	
	(　　　)		(　　　)	
15	(　　　)		(　　　)	
	(　　　)		(　　　)	
	(　　　)		(　　　)	
	(　　　)		(　　　)	

まるっと完全予想問題集
第7回　答案用紙

受験番号

氏　　名

3　級　③

商　業　簿　記

採　点　欄	
第2問	

第2問（20点）

(1)

総　勘　定　元　帳

売　掛　金

4/1	前期繰越	(　　　)	4/6	(　　　)	(　　　)
6/12	(　　　)	1,200,000	12/26	(　　　)	1,617,000
8/21	売　　上	(　　　)	2/8	(　　　)	(　　　)
11/9	売　　上	795,000	3/31	次期繰越	(　　　)
1/20	売　　上	288,000			
		(　　　)			(　　　)

(2)

小口現金出納帳

受　入	×5年		摘　要	支　払	内訳			
					旅費交通費	通信費	消耗品費	雑　費
45,500	8	22	前週繰越					
59,500		〃	本日補給					
				(　　)				(　　)
				(　　)	(　　)			
				(　　)		(　　)		
				(　　)			(　　)	
				(　　)		(　　)		
				(　　)			(　　)	
			合　計	(　　)	(　　)	(　　)	(　　)	(　　)
			次週繰越	(　　)				
(　　)				(　　)				
(　　)	8	29	前週繰越					
(　　)		〃	本日補給					

3級

日商簿記検定試験対策
まるっと完全予想問題集
問題用紙

（制限時間　60分）

第8回

TAC簿記検定講座

第1問（45点）

下記の各取引について仕訳しなさい。ただし、勘定科目は、設問ごとに最も適当と思われるものを選び、答案用紙の（　）の中に記号で解答すること。なお、消費税は指示された問題のみ考慮すること。

1．貸方に計上されていた現金過不足￥5,600の原因を調査したところ、諸会費の支払いが二重記帳されていることが判明した。よって、これを修正する仕訳を行った。

ア．現金過不足　イ．現金　ウ．諸会費　エ．当座預金　オ．雑損　カ．雑益

2．土地の固定資産税￥360,000について納付書を受け取り、未払金として処理せずに、ただちに普通預金口座から振り込んで納付した。

ア．法定福利費　イ．貯蔵品　ウ．租税公課　エ．土地　オ．仮払金　カ．普通預金

3．前期に掛け販売した商品代金の未回収額¥100,000が相手先の倒産により回収不能となり、貸倒れとして処理した。なお、貸倒引当金の残高は¥24,000であった。

ア．貸倒引当金戻入　イ．償却債権取立益　ウ．貸倒引当金　エ．貸倒引当金繰入　オ．売掛金
カ．貸倒損失

4．当社は前月末に￥1,000,000の土地を￥1,200,000でＹ社に売却していたが、本日、代金の全額がＹ社より当社の普通預金口座に振り込まれた。

ア．当座預金　イ．売掛金　ウ．未収入金　エ．前受金　オ．普通預金　カ．仮受金

5．×22年期首に、不要となった陳列棚（購入代価：¥780,000、引取運賃：¥20,000、購入日：×16年10月１日、耐用年数：８年、残存価額：ゼロ、減価償却方法：定額法、記帳方法：間接法、決算日：３月31日）を¥267,000で売却し、代金は小切手で受け取った。なお、過年度の減価償却の計算および記帳は適正に行われている。

ア．備品　イ．備品減価償却累計額　ウ．減価償却費　エ．固定資産売却損　オ．固定資産売却益
カ．現金

6．営業活動で利用する公共交通機関の料金支払用ICカードに現金￥5,000を入金した。また、同時に領収書の発行を受けた。なお、入金時に全額費用計上する方法を採用している。

ア．前払金　イ．旅費交通費　ウ．仮払金　エ．現金　オ．当座預金　カ．支払手数料

7．株主総会で繰越利益剰余金￥2,000,000のうち一部を次のとおり配当することが承認された。

株主配当金：￥50,000　　利益準備金の積み立て：￥5,000

ア．繰越利益剰余金　イ．利益準備金　ウ．資本金　エ．未払配当金　オ．現金　カ．当座預金

8．先月、開催された株主総会で承認された株主への配当金￥600,000を、小切手を振り出して支払った。

ア．利益準備金　イ．資本金　ウ．当座預金　エ．未払配当金　オ．借入金　カ．普通預金

9．従業員が出張から戻り、概算払いしておいた¥150,000を精算した。その支払内訳は、宿泊費、交通費および出張先で仕入先に支払った買掛金¥70,000であり、残額を現金で受け取った。

また、以下の領収書が提出された。

領収書	領収書
運賃¥60,000	宿泊費シングル１名
上記のとおり領収致しました。	¥15,000
X交通㈱	Aホテル

ア．旅費交通費　イ．買掛金　ウ．仮払金　エ．前払金　オ．仕入　カ．現金

10．事務作業に使用する物品を購入し、品物とともに次の請求書を受け取り、代金は後日支払うこととした。

請求書

株式会社東京商事 様

日本橋商会株式会社

品　物	数量	単価	金額
コピー用紙（500枚入）	10	400	¥　4,000
プリンターインク	5	3,000	¥　15,000
ボールペン	50	70	¥　3,500
送料	−	−	¥　1,000
		合　計	¥　23,500

×1年１月31日までに合計額を下記口座へお振込みください。

南西銀行東京支店 普通 1234567 ニホンバシシヨウカイ（カ

ア．未払金　イ．仮払金　ウ．買掛金　エ．消耗品費　オ．備品　カ．貯蔵品

11．取引銀行から約束手形を振り出して¥1,250,000を借り入れ、ただちに当座預金口座に預け入れた。なお、約束手形は取引銀行へ郵送し、郵送代金¥1,000は現金で支払った。

ア．借入金　イ．当座預金　ウ．通信費　エ．租税公課　オ．手形借入金　カ．現金

12．電子記録債務¥480,000の支払期日が到来し、当座預金口座より引き落とされた旨の連絡を受けた。

ア．現金　イ．当座預金　ウ．未払金　エ．電子記録債権　オ．電子記録債務　カ．支払手形

13．得意先秋田株式会社に対する売掛金¥400,000のうち、¥90,000は普通為替証書（郵便為替証書）で、¥290,000は同社振出の小切手で受け取った。なお、残額¥20,000については、以前に返品を受けていたが未処理であった。

ア．現金　イ．仮受金　ウ．当座預金　エ．前受金　オ．売掛金　カ．売上

14．商品（本体価格¥200,000）を仕入れ、代金のうち¥33,000は現金で支払い、残額は掛けとした。なお、消費税の税率は10%とし、税抜方式で処理する。

ア．仕入　イ．現金　ウ．買掛金　エ．売掛金　オ．仮払消費税　カ．仮受消費税

15. 店頭における本日分の売上集計結果は以下のとおりであり、これらの合計額のうち¥15,400はクレジットカードでの決済を行い、残りは現金で受け取った。なお、信販会社への手数料は代金回収時に計上することとし、消費税については、税抜方式により処理する。

売上集計表

×3年9月25日

品　　目	数量	単価	金額
消しゴム	14	100	¥ 1,400
鉛筆（12本入）	8	450	¥ 3,600
コピー用紙（500枚入）	30	700	¥ 21,000
	消費税		¥ 2,600
	合　計		¥ 28,600

ア．仮払消費税　イ．現金　ウ．クレジット売掛金　エ．仮受金　オ．売上　カ．仮受消費税

受験番号

3級

答案用紙

日商簿記検定試験対策

まるっと完全予想問題集

（制限時間　60分）

第８回

TAC簿記検定講座

まるっと完全予想問題集
第8回　答案用紙

3　級　①

商　業　簿　記

受験番号

氏　　名

総合点	採点欄	
	第1問	

第1問（45点）

	借方		貸方	
	記号	金額	記号	金額
1	(　　)		(　　)	
	(　　)		(　　)	
	(　　)		(　　)	
	(　　)		(　　)	
2	(　　)		(　　)	
	(　　)		(　　)	
	(　　)		(　　)	
	(　　)		(　　)	
3	(　　)		(　　)	
	(　　)		(　　)	
	(　　)		(　　)	
	(　　)		(　　)	
4	(　　)		(　　)	
	(　　)		(　　)	
	(　　)		(　　)	
	(　　)		(　　)	
5	(　　)		(　　)	
	(　　)		(　　)	
	(　　)		(　　)	
	(　　)		(　　)	
6	(　　)		(　　)	
	(　　)		(　　)	
	(　　)		(　　)	
	(　　)		(　　)	
7	(　　)		(　　)	
	(　　)		(　　)	
	(　　)		(　　)	
	(　　)		(　　)	
8	(　　)		(　　)	
	(　　)		(　　)	
	(　　)		(　　)	
	(　　)		(　　)	

（次ページに続く）

まるっと完全予想問題集
第8回　答案用紙

3　級　②

受験番号 ____________________

氏　　名 ____________________

商　業　簿　記

(前ページより)

	借方		貸方	
	記号	金額	記号	金額
9	(　　　)		(　　　)	
	(　　　)		(　　　)	
	(　　　)		(　　　)	
	(　　　)		(　　　)	
10	(　　　)		(　　　)	
	(　　　)		(　　　)	
	(　　　)		(　　　)	
	(　　　)		(　　　)	
11	(　　　)		(　　　)	
	(　　　)		(　　　)	
	(　　　)		(　　　)	
	(　　　)		(　　　)	
12	(　　　)		(　　　)	
	(　　　)		(　　　)	
	(　　　)		(　　　)	
	(　　　)		(　　　)	
13	(　　　)		(　　　)	
	(　　　)		(　　　)	
	(　　　)		(　　　)	
	(　　　)		(　　　)	
14	(　　　)		(　　　)	
	(　　　)		(　　　)	
	(　　　)		(　　　)	
	(　　　)		(　　　)	
15	(　　　)		(　　　)	
	(　　　)		(　　　)	
	(　　　)		(　　　)	
	(　　　)		(　　　)	

まるっと完全予想問題集
第8回　答案用紙

受験番号
氏　名

3　級　③

商　業　簿　記

採　点　欄
第2問

第2問（20点）

(1)

問1

固定資産台帳

×8年12月31日　(単位：円)

取得年月日	種類・用途	耐用年数	取得原価	減価償却累計額			期末帳簿価額
				期首残高	当期償却額	期末残高	
×3年1月1日	備品A	8年	(　　)	(　　)	500,000	3,000,000	(　　)
×4年7月5日	備品B	6年	3,600,000	(　　)	600,000	(　　)	(　　)
×8年5月1日	建　物	40年	24,000,000	(　　)	(　　)	(　　)	(　　)

問2

固定資産売却（損・益）	¥

(2)

問1	¥
問2	雑（　　）　¥

3級

日商簿記検定試験対策
まるっと完全予想問題集
問　題　用　紙

（制限時間　60分）

第9回

TAC簿記検定講座

第1問（45点）

下記の各取引について仕訳しなさい。ただし、勘定科目は、設問ごとに最も適当と思われるものを選び、答案用紙の（　）の中に記号で解答すること。なお、消費税は指示された問題のみ考慮すること。

1．決算につき、郵便切手の未使用分￥15,000と収入印紙の未使用分￥3,000を貯蔵品勘定へ振り替えた。

ア．通信費　イ．租税公課　ウ．消耗品費　エ．法定福利費　オ．現金　カ．貯蔵品

2．自治体発行の商品券￥164,000を金融機関で換金し、同額が当座預金口座に振り込まれた。

ア．受取手形　イ．現金　ウ．当座預金　エ．売掛金　オ．受取商品券　カ．受取手数料

3．商品を売り上げ、代金￥600,000のうち￥400,000を現金で受け取り、残額を掛けとした。この取引について、入金伝票を次のように記入した場合の振替伝票の仕訳を示しなさい。

入金伝票
売掛金　400,000

ア．現金　イ．売上　ウ．普通預金　エ．売掛金　オ．当座預金　カ．定期預金

4．当社は商品を￥95,000（送料込み）で販売し、代金は掛けとした。また、同時に運送業者へ商品を引き渡し、送料￥5,000（費用処理する）は後日支払うこととした。

ア．立替金　イ．発送費　ウ．売掛金　エ．未収入金　オ．未払金　カ．売上

5．前期に貸し倒れた売掛金のうち￥80,000について現金にて回収した。

ア．貸倒引当金戻入　イ．貸倒引当金　ウ．償却債権取立益　エ．貸倒損失　オ．売掛金　カ．現金

6．先月、商品を販売した代金として受け取っていた得意先栃木株式会社が振り出した約束手形￥472,000について支払期日が到来し、当座預金口座へ振り込まれた。

ア．買掛金　イ．支払手形　ウ．現金　エ．受取手形　オ．当座預金　カ．売掛金

7．従業員に対する給料総額￥12,150,000について、従業員への前貸額￥1,417,500、所得税の源泉徴収額￥1,215,000および社会保険料￥405,000を控除した残額を普通預金口座から支払った。

ア．社会保険料預り金　イ．所得税預り金　ウ．従業員立替金　エ．従業員預り金　オ．普通預金
カ．給料

8．土地の固定資産税￥360,000について納付書を受け取り、未払金に計上することなく、ただちに普通預金口座から支払った。

ア．租税公課　イ．法人税、住民税及び事業税　ウ．普通預金　エ．建物　オ．修繕費　カ．未払金

9．商品￥200,000（税抜価格）を得意先宮城株式会社に販売し、代金は掛けとした。なお、消費税率は10%とし、税抜方式で処理している。

ア．仮受消費税　イ．仮払消費税　ウ．当座預金　エ．売上　オ．売掛金　カ．買掛金

10. 千葉株式会社は、第3期の株主総会において、繰越利益剰余金のうち￥600,000を配当し、￥60,000を利益準備金として積み立てることが決定した。

ア．当座預金　イ．利益準備金　ウ．繰越利益剰余金　エ．未払金　オ．資本金　カ．未払配当金

11. 事務用の備品（取得原価￥280,000、残存価額ゼロ、耐用年数7年）を4年間使用してきたが、5年目の期首に売却し、代金￥25,000は翌月末に受け取ることにした。なお、減価償却費の計算は定額法、記帳方法は間接法を用いている。

ア．未収入金　イ．現金　ウ．固定資産売却損　エ．備品減価償却累計額　オ．備品　カ．固定資産売却益

12. 従業員の厚生年金保険料￥240,000を普通預金口座から支払った。なお、当該厚生年金保険料のうち￥120,000は従業員負担分であり、残りの￥120,000が会社負担分である。

ア．租税公課　イ．法定福利費　ウ．当座預金　エ．社会保険料預り金　オ．所得税預り金　カ．普通預金

13. 当期に得意先三重株式会社に商品を売り上げたことで発生した売掛金￥492,000が貸し倒れた。なお、貸倒引当金の残高は￥800,000ある。

ア．貸倒引当金　イ．貸倒損失　ウ．貸倒引当金繰入　エ．売掛金　オ．未払金　カ．貸倒引当金戻入

14. 仕入先富山株式会社より商品￥70,000を仕入れ、代金は小切手を振り出して支払った。なお、当社負担の引取運賃￥1,000を現金で支払った。

ア．仕入　イ．現金　ウ．立替金　エ．前払金　オ．支払手数料　カ．当座預金

15. 東京株式会社は、事務所として使用する物件の賃借契約を行い、以下の振込依頼書どおりに普通預金口座から振り込んだ。

振込依頼書

東京株式会社　御中

株式会社神田不動産

ご契約ありがとうございます。
以下の合計額を下記口座へお振込みください。

内　容	金　額
仲介手数料	￥　300,000
敷金	￥　720,000
初月賃料	￥　380,000
合　計	￥　1,400,000

東西銀行神保町支店　当座1122333　カ）カンダフドウサン

ア．現金　イ．普通預金　ウ．支払家賃　エ．支払手数料　オ．差入保証金　カ．仮払金

第2問（20点）

⑴　次の資料にもとづいて、答案用紙の勘定を記入しなさい。

1．会計期間は1年、当期は×4年4月1日～×5年3月31日である。

2．×4年1月1日、当社は取引先に対して¥500,000（期間1年、利率年3％）の貸し付けを行った。×4年12月31日において満期を迎え、利息と元本の全額を現金で受け取った。なお、利息の計算は月割によっている（以下同様）。

3．×4年6月1日に、当社は取引先に対して¥1,000,000（期間1年、利率年2.4％）の貸し付けを新たに行った。

4．×5年3月31日、決算に際し、必要な記入を行った。

（注）

・各勘定の日付欄については採点対象外である。

・各勘定の空欄はすべて埋まるとは限らない。

・勘定科目欄は、下記の中から選び記号で記入すること（複数回使用してもよい）。

ア．受取利息　イ．現金　ウ．未収利息　エ．損益　オ．次期繰越　カ．前期繰越

⑵　次の資料にもとづいて、答案用紙の試算表（一部）に適切な金額または語句を記入しなさい。なお、記入する金額がない場合には何も記入しないこと。当期は×4年4月1日から×5年3月31日までの1年とする。

〈資料〉

1．前期より毎期8月1日に向こう1年分の店舗賃借料として¥27,000を現金で支払っている。

2．前期の2月1日に期間3年で¥200,000を銀行から借り入れ、利息は利率年3％で毎期1月31日に過去1年分として現金で支払っている。

受験番号

3級

答案用紙

日商簿記検定試験対策
まるっと完全予想問題集

(制限時間　60分)

第9回

TAC簿記検定講座

まるっと完全予想問題集
第9回　答案用紙

3　級　①

商　業　簿　記

受験番号

氏　　名

総合点	採点欄
	第1問

第1問（45点）

	借方		貸方	
	記号	金額	記号	金額
1	(　　)		(　　)	
	(　　)		(　　)	
	(　　)		(　　)	
	(　　)		(　　)	
2	(　　)		(　　)	
	(　　)		(　　)	
	(　　)		(　　)	
	(　　)		(　　)	
3	(　　)		(　　)	
	(　　)		(　　)	
	(　　)		(　　)	
	(　　)		(　　)	
4	(　　)		(　　)	
	(　　)		(　　)	
	(　　)		(　　)	
	(　　)		(　　)	
5	(　　)		(　　)	
	(　　)		(　　)	
	(　　)		(　　)	
	(　　)		(　　)	
6	(　　)		(　　)	
	(　　)		(　　)	
	(　　)		(　　)	
	(　　)		(　　)	
7	(　　)		(　　)	
	(　　)		(　　)	
	(　　)		(　　)	
	(　　)		(　　)	
8	(　　)		(　　)	
	(　　)		(　　)	
	(　　)		(　　)	
	(　　)		(　　)	

（次ページに続く）

まるっと完全予想問題集
第9回　答案用紙

3　級　②

受験番号＿＿＿＿＿＿＿＿

氏　　名＿＿＿＿＿＿＿＿

商　業　簿　記

（前ページより）

	借方		貸方	
	記号	金額	記号	金額
9	(　　)		(　　)	
	(　　)		(　　)	
	(　　)		(　　)	
	(　　)		(　　)	
10	(　　)		(　　)	
	(　　)		(　　)	
	(　　)		(　　)	
	(　　)		(　　)	
11	(　　)		(　　)	
	(　　)		(　　)	
	(　　)		(　　)	
	(　　)		(　　)	
12	(　　)		(　　)	
	(　　)		(　　)	
	(　　)		(　　)	
	(　　)		(　　)	
13	(　　)		(　　)	
	(　　)		(　　)	
	(　　)		(　　)	
	(　　)		(　　)	
14	(　　)		(　　)	
	(　　)		(　　)	
	(　　)		(　　)	
	(　　)		(　　)	
15	(　　)		(　　)	
	(　　)		(　　)	
	(　　)		(　　)	
	(　　)		(　　)	

まるっと完全予想問題集
第9回　答案用紙

3 級 ③

商 業 簿 記

受験番号 ____________

氏　　名 ____________

採　点　欄	
第2問	

第2問（20点）

(1)

受 取 利 息

年	月	日	勘 定 科 目	金　　額	年	月	日	勘 定 科 目	金　　額

未 収 利 息

年	月	日	勘 定 科 目	金　　額	年	月	日	勘 定 科 目	金　　額
×4	4	1	前 期 繰 越						

(2)

〈当期中に作成された試算表（一部）〉

決算整理前残高試算表

借 方	勘 定 科 目	貸 方
	前　払（　　）	
	未　払（　　）	
	支 払 家 賃	
	支 払 利 息	

決算整理後残高試算表

借 方	勘 定 科 目	貸 方
	前　払（　　）	
	未　払（　　）	
	支 払 家 賃	
	支 払 利 息	

3級

日商簿記検定試験対策
まるっと完全予想問題集
問　題　用　紙

（制限時間　60分）

第10回

TAC簿記検定講座

第1問（45点）

下記の各取引について仕訳しなさい。ただし、勘定科目は、設問ごとに最も適当と思われるものを選び、答案用紙の（　）の中に記号で解答すること。なお、消費税は指示された問題のみ考慮すること。

1．現金￥250,000を定期預金口座へ預け入れた。

ア．定期預金　イ．当座預金　ウ．現金　エ．支払利息　オ．普通預金　カ．受取利息

2．商品￥72,000を売り上げ、代金を掛けとした。なお、発送のための諸費用（当社負担）￥4,000は現金で支払った。

ア．発送費　イ．仮払金　ウ．売上　エ．売掛金　オ．現金　カ．立替金

3．決算整理後の建物の減価償却費￥1,590,000を損益勘定に振り替えた。

ア．建物減価償却累計額　イ．損益　ウ．建物　エ．固定資産売却損　オ．現金　カ．減価償却費

4．事務用のノートパソコン￥450,000とコピー用紙￥6,000を購入し、代金は後日支払うことにした。

ア．消耗品費　イ．雑費　ウ．買掛金　エ．備品　オ．未払金　カ．当座預金

5．消費税について確定申告を行い、未払い計上されていた消費税額￥1,200,000を当座預金口座から納付した。

ア．租税公課　イ．未払法人税等　ウ．未払消費税　エ．当座預金　オ．仮受消費税　カ．仮払消費税

6．前期の決算において計上した未払法人税等￥896,000について、確定申告を行い小切手を振り出して納付した。

ア．仮払法人税等　イ．法人税、住民税及び事業税　ウ．仮受金　エ．未払法人税等　オ．当座預金
カ．現金

7．賃借契約を解約したことにより、契約時に支払った敷金￥350,000が返還され、現金で受け取った。

ア．現金　イ．支払手数料　ウ．差入保証金　エ．支払家賃　オ．建物　カ．普通預金

8．土地の固定資産税￥600,000について納付書を受け取り、未払金に計上することなく、ただちに現金で支払った。

ア．現金　イ．未払金　ウ．建物　エ．租税公課　オ．法人税、住民税及び事業税　カ．修繕費

9．熊本株式会社へ商品￥660,000（消費税10％を含む）を売り上げ、代金のうち￥250,000は同社振出、当社宛の約束手形を受け取り、残額は掛けとした。消費税は税抜方式で処理する。

ア．受取手数料　イ．売上　ウ．仮払消費税　エ．仮受消費税　オ．売掛金　カ．受取手形

10．前期末において、切手の未使用分￥5,000と収入印紙の未使用分￥7,000を貯蔵品勘定へ振り替える処理を行った。本日（当期首）、再振替仕訳を行った。

ア．貯蔵品　イ．通信費　ウ．租税公課　エ．未払金　オ．法人税、住民税及び事業税　カ．雑費

11. 得意先広島株式会社に対する売掛金のうち￥58,000は普通為替証書（郵便為替証書）で、￥240,000は同社振出の小切手で受け取った。

ア．前受金　イ．売掛金　ウ．現金　エ．仮払金　オ．当座預金　カ．通信費

12. 広告宣伝費￥20,000を普通預金口座より支払った。なお、振り込みにあたり振込手数料￥200が普通預金口座から引き落とされた。

ア．支払手数料　イ．当座預金　ウ．普通預金　エ．通信費　オ．現金　カ．広告宣伝費

13. 岐阜株式会社は、取引銀行より、得意先石川株式会社に対する売掛金￥30,000について、電子債権記録機関において債権の発生記録が行われた旨の通知を受けた。

ア．売掛金　イ．電子記録債権　ウ．未収入金　エ．クレジット売掛金　オ．電子記録債務　カ．当座預金

14. 得意先北東株式会社が倒産し、前期に生じた北東株式会社に対する売掛金￥600,000が貸し倒れた。なお、貸倒引当金の残高は￥700,000である。

ア．現金　イ．売掛金　ウ．貸倒引当金繰入　エ．貸倒引当金　オ．貸倒引当金戻入　カ．貸倒損失

15. 東京株式会社は、仕入先埼玉株式会社より商品を仕入れ、品物とともに次の請求書（兼納品書）を受け取った。代金は後日支払うものとする。なお、消費税については、税抜方式で記帳している。

納品書　兼　請求書

東京株式会社　御中

埼玉株式会社

品　物	数　量	単　価	金　額
A品	3	5,000	￥　15,000
B品	15	6,000	￥　90,000
C品	8	8,000	￥　64,000
	小　計		￥169,000
	消費税（10%）		￥　16,900
	合　計		￥185,900

×年7月27日までに合計額を下記口座へお振込みください。

AB銀行××支店　普通　7654321　サイタマ（カ

ア．仕入　イ．現金　ウ．買掛金　エ．仮受消費税　オ．仮払消費税　カ．未払消費税

第2問（20点）

(1)　下記の取引等にもとづいて、当期（×3年4月1日から×4年3月31日）における貯蔵品に関連した答案用紙の4つの勘定の空欄にあてはまる適切な語句または金額を答えなさい。

勘定記入にあたっては、日付、摘要および金額を取引順に記入しなさい。ただし、摘要欄に記入する語句は［語群］から最も適当と思われるものを選び、ア～コの記号で記入すること。［語群］の語句はこの設問の中で複数回使用してもよい。なお、空欄がすべて埋まるとは限らない。

［語　群］

ア．現金　イ．諸口　ウ．当座預金　エ．損益　オ．通信費　カ．租税公課　キ．貯蔵品　ク．次期繰越　ケ．前期繰越　コ．消耗品費

［取　引］

×3年4月1日　前期末に貯蔵品に振り替えていた郵便切手￥500を適切な勘定科目に振り替えた。

×3年5月10日　収入印紙￥21,000を購入し、代金を現金で支払った。なお、この収入印紙はただちに使用した。

×3年6月4日　コピー用紙￥10,000を購入し、小切手を振り出して支払った。

×3年7月10日　郵便切手￥3,000を購入し、代金を現金で支払った。なお、この郵便切手はただちに使用した。

×3年9月18日　収入印紙￥15,000および郵便切手￥8,000を現金で購入した。

×4年3月31日　収入印紙・郵便切手・コピー用紙に関して、決算時点で収入印紙￥1,000、郵便切手￥1,100およびコピー用紙￥4,000が未使用であることが判明した。

(2)　次に示す福岡株式会社の×21年5月の取引資料にもとづいて、下記に示した各問いに答えなさい。なお、福岡株式会社は長崎株式会社に対してのみ商品（1種類のみ：販売単価@￥3,000）の販売を行っており、注文を受けた分の商品を後日発送している。その月の発送分の代金は月末に当座預金口座への振り込みで受け取っている。

〈×21年5月の商品売買に関する諸取引〉

5月1日：前月繰越　40個（￥50,000）

10日：長崎株式会社より80個の注文を受けた。

11日：熊本株式会社より40個（￥54,000）を仕入れ、代金は掛けとした。

〃日：大分株式会社より80個（￥106,400）を仕入れ、代金は掛けとした。なお、当社負担の引取運賃￥1,600を現金で支払った。

12日：長崎株式会社に対し商品80個を発送した。

21日：長崎株式会社より130個の注文を受けた。

23日：大分株式会社より20個（￥22,700）を仕入れ、代金は掛けとした。なお、当社負担の引取運賃￥400を現金で支払った。

25日：熊本株式会社より60個（￥69,300）を仕入れ、代金は小切手を振り出して支払った。

26日：長崎株式会社に対し商品130個を発送した。

31日：熊本株式会社に対する買掛金￥60,000を現金で支払った。また、長崎株式会社より今月分の当座振込について、全額の入金を確認した。

問1　×21年5月の売上総利益の計算を、商品の払い出しについて①先入先出法を採用した場合と、②移動平均法を採用した場合のそれぞれについて示しなさい。

問2　×21年5月の仕入先元帳（熊本株式会社のみ）の記入を示しなさい。

受験番号

3級

答案用紙

日商簿記検定試験対策

まるっと完全予想問題集

（制限時間　60分）

第10回

TAC簿記検定講座

まるっと完全予想問題集
第10回　答案用紙

3　級　①

受験番号＿＿＿＿＿＿＿＿＿＿

氏　　名＿＿＿＿＿＿＿＿＿＿

商　業　簿　記

総　合　点

採　点　欄	
第1問	

第1問（45点）

	借　方		貸　方	
	記　号	金　額	記　号	金　額
1	(　　)		(　　)	
	(　　)		(　　)	
	(　　)		(　　)	
	(　　)		(　　)	
2	(　　)		(　　)	
	(　　)		(　　)	
	(　　)		(　　)	
	(　　)		(　　)	
3	(　　)		(　　)	
	(　　)		(　　)	
	(　　)		(　　)	
	(　　)		(　　)	
4	(　　)		(　　)	
	(　　)		(　　)	
	(　　)		(　　)	
	(　　)		(　　)	
5	(　　)		(　　)	
	(　　)		(　　)	
	(　　)		(　　)	
	(　　)		(　　)	
6	(　　)		(　　)	
	(　　)		(　　)	
	(　　)		(　　)	
	(　　)		(　　)	
7	(　　)		(　　)	
	(　　)		(　　)	
	(　　)		(　　)	
	(　　)		(　　)	
8	(　　)		(　　)	
	(　　)		(　　)	
	(　　)		(　　)	
	(　　)		(　　)	

（次ページに続く）

まるっと完全予想問題集
第10回　答案用紙

受験番号＿＿＿＿＿＿＿＿＿＿

氏　　名＿＿＿＿＿＿＿＿＿＿

3　級　②

商　業　簿　記

（前ページより）

	借方 記号	借方 金額	貸方 記号	貸方 金額
9	(　　)		(　　)	
	(　　)		(　　)	
	(　　)		(　　)	
	(　　)		(　　)	
10	(　　)		(　　)	
	(　　)		(　　)	
	(　　)		(　　)	
	(　　)		(　　)	
11	(　　)		(　　)	
	(　　)		(　　)	
	(　　)		(　　)	
	(　　)		(　　)	
12	(　　)		(　　)	
	(　　)		(　　)	
	(　　)		(　　)	
	(　　)		(　　)	
13	(　　)		(　　)	
	(　　)		(　　)	
	(　　)		(　　)	
	(　　)		(　　)	
14	(　　)		(　　)	
	(　　)		(　　)	
	(　　)		(　　)	
	(　　)		(　　)	
15	(　　)		(　　)	
	(　　)		(　　)	
	(　　)		(　　)	
	(　　)		(　　)	

まるっと完全予想問題集
第10回　答案用紙

3　級　③

商　業　簿　記

受験番号＿＿＿＿＿＿＿＿

氏　　名＿＿＿＿＿＿＿＿

採　点　欄	
第2問	

第2問（20点）

(1)

貯　蔵　品

4/1	前期繰越	500	(　)	[　]	〈　〉
(　)	[　]	〈　〉	(　)	[　]	〈　〉
		〈　〉			〈　〉

消　耗　品　費

(　)	[　]	〈　〉	(　)	[　]	〈　〉
(　)	[　]	〈　〉	(　)	[　]	〈　〉
		〈　〉			〈　〉

租　税　公　課

(　)	[　]	〈　〉	(　)	[　]	〈　〉
(　)	[　]	〈　〉	(　)	[　]	〈　〉
		〈　〉			〈　〉

通　信　費

(　)	[　]	〈　〉	(　)	[　]	〈　〉
(　)	[　]	〈　〉	(　)	[　]	〈　〉
(　)	[　]	〈　〉	(　)	[　]	〈　〉
		〈　〉			〈　〉

まるっと完全予想問題集
第10回　答案用紙

受験番号

氏　　名

3　級　④

商　業　簿　記

⑵

問１

①　先入先出法を採用した場合

売　　上　　高	¥
売　上　原　価	¥
売 上 総 利 益	¥

②　移動平均法を採用した場合

売　　上　　高	¥
売　上　原　価	¥
売 上 総 利 益	¥

問２

仕　入　先　元　帳

熊本株式会社

×21年		摘　　　要	借　　　方	貸　　　方	借／貸	残　　　高
5	1	前　月　繰　越		15,000	貸	15,000
	31	次　月　繰　越				
6	1	前　月　繰　越				

まるっと完全予想問題集
第10回　答案用紙

3 級 ⑤

商業簿記

受験番号＿＿＿＿＿＿＿＿＿＿

氏　　名＿＿＿＿＿＿＿＿＿＿

採点欄	
第3問	

第3問（35点）

損益計算書

○○株式会社　　×5年（　）月（　）日～×6年（　）月（　）日　　（単位：円）

費用	金額	収益	金額
売上原価	(　　)	売上高	(　　)
給料	(　　)	受取手数料	(　　)
広告宣伝費	(　　)		
支払家賃	(　　)		
租税公課	(　　)		
旅費交通費	(　　)		
貸倒引当金繰入	(　　)		
減価償却費	(　　)		
支払利息	(　　)		
法人税、住民税及び事業税	(　　)		
当期純利益	(　　)		
	(　　)		(　　)

貸借対照表

○○株式会社　　×6年（　）月（　）日　　（単位：円）

資産	金額		負債及び純資産	金額
現金		(　　)	支払手形	(　　)
当座預金		(　　)	買掛金	(　　)
受取手形	(　　)		借入金	(　　)
貸倒引当金	(△　　)	(　　)	未払消費税	(　　)
売掛金	(　　)		(　　)費用	(　　)
貸倒引当金	(△　　)	(　　)	未払法人税等	(　　)
商品		(　　)	資本金	(　　)
貯蔵品		(　　)	繰越利益剰余金	(　　)
(　　)費用		(　　)		
(　　)収益		(　　)		
備品	(　　)			
減価償却累計額	(△　　)	(　　)		
		(　　)		(　　)

第3問（35点）

次の決算整理前の総勘定元帳の各勘定残高および決算整理事項にもとづいて、損益計算書と貸借対照表を完成しなさい。会計期間は、×5年4月1日から×6年3月31日までの1年である。消費税の仮受け・仮払いは、売上取引・仕入取引のみで行うものとし、［決算整理事項］2.と10.以外の消費税は考慮しないものとする。

［決算整理前の総勘定元帳の各勘定残高］

現金	¥ 各自推定	当座預金	¥ 801,600	受取手形	¥ 168,000
売掛金	192,000	貸倒引当金	4,800	仮払金	10,000
仮払消費税	49,200	繰越商品	60,000	備品	216,000
備品減価償却累計額	各自推定	支払手形	276,000	買掛金	142,000
借入金	200,000	仮受消費税	96,000	資本金	1,000,000
繰越利益剰余金	200,000	売上	960,000	受取手数料	43,000
仕入	492,000	給料	49,000	広告宣伝費	36,000
支払家賃	144,000	租税公課	33,000	旅費交通費	4,000
支払利息	24,100				

［決算整理事項］

1．売上債権の期末残高に対して2％の貸倒れを見積もる。貸倒引当金の設定は差額補充法による。

2．商品¥50,000（本体価格）を仕入れ、代金は8％の消費税（軽減税率適用）を含めて掛けとしたが、この取引について未処理であることが判明した。

3．仮払金は、従業員の出張に際して渡した旅費交通費概算額である。×6年3月31日に出張から帰った従業員から旅費交通費明細の報告を受け、旅費交通費が仮払額より¥600超過していたので、小切手を振り出して渡したが、これらの記帳はまだ行われていない。

4．期末商品の棚卸高は¥72,000であった。なお、この金額には上記2．の仕入未処理分が含まれている。

5．備品について定額法により減価償却を行う。なお、当該備品は前期首に取得し使用を開始している。

　　耐用年数：6年　　残存価額：0（ゼロ）

6．手数料の未収分が¥4,800ある。

7．支払家賃は、店舗建物の賃借によるもので、当期9月1日に向こう1年分として支払ったものである。

8．利息の未払分が¥3,600ある。

9．収入印紙の未使用高が¥8,000あるため、貯蔵品へ振り替える。

10．消費税（税抜方式）の処理を行う。

11．¥100,000を未払法人税等として計上する。

まるっと完全予想問題集
第9回　答案用紙

3　級　④

商　業　簿　記

採　点　欄	
第3問	

受験番号＿＿＿＿＿＿＿＿＿＿

氏　　名＿＿＿＿＿＿＿＿＿＿

第3問（35点）

損　　益　（単位：円）

仕入	（　　）	売上	（　　）
給料	（　　）	受取利息	（　　）
水道光熱費	（　　）	雑（　　）	（　　）
支払家賃	（　　）		
保険料	（　　）		
減価償却費	（　　）		
貸倒引当金繰入	（　　）		
支払利息	（　　）		
固定資産売却損	（　　）		
法人税、住民税及び事業税	（　　）		
繰越利益剰余金	（　　）		
	（　　）		（　　）

繰越利益剰余金　（単位：円）

（　　）	（　　）	前期繰越	（　　）
		（　　）	（　　）
	（　　）		（　　）

貸　借　対　照　表

○○株式会社　×4年3月31日　（単位：円）

資産	金額		負債及び純資産	金額
現金		（　　）	支払手形	（　　）
普通預金		（　　）	買掛金	（　　）
受取手形	（　　）		借入金	（　　）
貸倒引当金	（△　　）	（　　）	未払法人税等	（　　）
売掛金	（　　）		前受金	（　　）
貸倒引当金	（△　　）	（　　）	未払費用	（　　）
商品		（　　）	資本金	（　　）
未収入金		（　　）	繰越利益剰余金	（　　）
貸付金		（　　）		
備品	（　　）			
減価償却累計額	（△　　）	（　　）		
		（　　）		（　　）

第3問（35点）

次の(A)残高試算表および(B)期末修正事項にもとづいて、当期末における答案用紙の損益勘定、繰越利益剰余金勘定および貸借対照表を記入しなさい。なお、会計期間は×3年4月1日から×4年3月31日までの1年である。

(A)　残高試算表

残高試算表

×4年3月31日　　（単位：円）

借方	勘定科目	貸方
24,080	現金	
80,000	普通預金	
	当座預金	10,100
27,000	受取手形	
36,000	売掛金	
1,500	仮払金	
67,500	繰越商品	
2,500	仮払法人税等	
24,080	貸付金	
30,000	備品	
	支払手形	20,100
	買掛金	29,300
	借入金	50,000
	仮受金	2,000
	貸倒引当金	600
	備品減価償却累計額	12,000
	資本金	100,000
	繰越利益剰余金	48,800
	売上	571,500
	受取利息	1,800
408,600	仕入	
60,040	給料	
25,000	水道光熱費	
24,200	支払家賃	
31,200	保険料	
1,500	支払利息	
3,000	固定資産売却損	
846,200		846,200

(B)　期末修正事項

1．現金の実際有高と帳簿残高を照合したところ、実際有高が¥500超過していたので調査した結果、¥300は受取利息の記帳漏れであることが判明したが、残額は不明である。

2．当座預金の貸方残高については、適切な勘定へ振り替える。なお、取引銀行とは¥50,000を限度とする当座借越契約を締結している。

3．仮受金¥2,000は商品代金の内金として受け取ったものであることが判明した。

4．仮払金¥1,500は水道光熱費を支払ったものであることが判明した。

5．保険料¥31,200は当期の7月1日に向こう1年分を支払ったものであるが、×4年3月中に解約した。保険会社から4月1日以降の保険料が月割で返金される旨の連絡があったため、この分を未収入金へ振り替える。

6．受取手形および売掛金の期末残高に対して、差額補充法により2％の貸倒引当金を設定する。

7．期末商品棚卸高は¥69,100であった。

8．備品について定額法によって減価償却を行う。ただし、備品の残存価額はゼロ、耐用年数は5年である。

9．支払家賃¥2,200を未払計上する。

10．当期の法人税、住民税及び事業税の金額は¥6,000と算定された。仮払法人税等との差額を未払法人税等として計上する。

まるっと完全予想問題集
第8回　答案用紙

3　級　④

商　業　簿　記

受験番号＿＿＿＿＿＿＿＿

氏　　名＿＿＿＿＿＿＿＿

採　点　欄
第3問

第3問（35点）

損　益　計　算　書

埼玉株式会社　　×1年（　　）月（　　）日～×2年（　　）月（　　）日　　（単位：円）

売　上　原　価	（　　　）	売　上　高	（　　　）
給　　　料	（　　　）	受 取 手 数 料	（　　　）
法 定 福 利 費	（　　　）		
旅 費 交 通 費	（　　　）		
消 耗 品 費	（　　　）		
支 払 家 賃	（　　　）		
貸倒引当金繰入	（　　　）		
減 価 償 却 費	（　　　）		
雑　（　　　）	（　　　）		
支 払 利 息	（　　　）		
法人税、住民税及び事業税	（　　　）		
当 期 純 利 益	（　　　）		
	（　　　）		（　　　）

貸　借　対　照　表

埼玉株式会社　　×2年（　　）月（　　）日　　（単位：円）

現　　　金		（　　　）	支 払 手 形	（　　　）
普 通 預 金		（　　　）	買　掛　金	（　　　）
当 座 預 金		（　　　）	借　入　金	（　　　）
小 口 現 金		（　　　）	（　　　）費用	（　　　）
受 取 手 形	（　　　）		（　　　）消費税	（　　　）
貸 倒 引 当 金	（△　　）	（　　　）	（　　　）法人税等	（　　　）
売　掛　金	（　　　）		社会保険料預り金	（　　　）
貸 倒 引 当 金	（△　　）	（　　　）	資　本　金	（　　　）
商　　　品		（　　　）	繰越利益剰余金	（　　　）
（　　　）費用		（　　　）		
（　　　）収益		（　　　）		
備　　　品	（　　　）			
減価償却累計額	（△　　）	（　　　）		
		（　　　）		（　　　）

第2問（20点）

(1)　答案用紙の固定資産台帳について、下記の問いに答えなさい。なお、会計期間は1月1日～12月31日までの1年間である。

有形固定資産の減価償却は定額法、残存価額ゼロで計算し、月割計算によって計上する。

問1　答案用紙は、×8年12月31日における決算整理後の固定資産台帳である。(　　)に金額を記入し完成させなさい。

問2　×8年3月31日に備品Aを￥1,400,000で売却した場合の固定資産売却損益の金額を答えなさい。なお、(　　)は「損」または「益」のうちあてはまる方に○をつけなさい。

(2)　大山株式会社は、現金の実際有高を確認するため、金庫を調べたところ、以下のものが保管されていた。なお、この金庫のほかには現金はない。このとき、下記に示した各問いに答えなさい。

［金庫に保管されていたもの］

硬貨	￥　6,000	紙幣	￥　120,000
普通為替証書（郵便為替証書）	￥　50,000	送金小切手	￥　70,000
他社振出の小切手	￥　80,000	他社振出の約束手形	￥　100,000
郵便切手	￥　22,000	商品券(※)	￥　60,000

※　他社発行の全国共通商品券￥20,000と信販会社発行の商品券￥40,000

問1　現金の実際有高の金額を答えなさい。

問2　原因調査前の現金の帳簿残高（現金出納帳の残高欄）は￥335,000であった。実際有高との差額のうち￥8,000は水道光熱費の支払いの記帳漏れであることが判明したが、残額については原因が不明である。この場合について、雑益または雑損であるかを記し、その金額を答えなさい。

第3問（35点）

次の決算整理前残高試算表、および決算整理事項等にもとづいて、損益計算書と貸借対照表を完成しなさい。なお、消費税の仮受け・仮払いは売上取引・仕入取引のみ行うものとする。会計期間は、×1年4月1日から×2年3月31日までの1年である。

決算整理前残高試算表
×2年3月31日

借　方	勘定科目	貸　方
12,960,000	現金	
2,714,400	普通預金	
11,020,000	当座預金	
500,000	小口現金	
3,024,000	受取手形	
3,456,000	売掛金	
885,600	仮払消費税	
1,080,000	繰越商品	
3,888,000	備品	
	支払手形	3,240,000
	買掛金	2,680,000
	借入金	5,400,000
	仮受消費税	1,728,000
	貸倒引当金	86,400
	備品減価償却累計額	648,000
	資本金	18,600,000
	繰越利益剰余金	2,611,200
	売上	17,280,000
	受取手数料	777,600
8,856,000	仕入	
885,600	給料	
648,000	旅費交通費	
2,592,000	支払家賃	
88,000	法定福利費	
453,600	支払利息	
53,051,200		53,051,200

［決算整理事項等］

1．小口現金係から次のような支払いの報告を受けていたが、決算日時点で未処理である。なお、当社はインプレスト・システムを採用している。

旅費交通費￥150,000、消耗品費￥100,000（購入した消耗品は期中にすべて使用済み）

また、小切手￥250,000を振り出して、小口現金を補給した。

2．売掛金￥20,000が普通預金口座へ振り込まれたが、未記帳であった。

3．当月分の給与総額￥80,000については、社会保険料（従業員負担分）￥8,000を天引きして、残額を当座預金口座から支払ったが、未記帳である。

4．現金の実際有高は￥12,900,000であった。帳簿残高との差額のうち￥40,000は旅費交通費の記入漏れであることが判明したが、残額については原因が不明のため、雑損または雑益として処理する。

5．売上債権の期末残高に対して２％の貸倒れを見積もる。貸倒引当金の設定は差額補充法による。

6．消費税の処理（税抜方式）を行う。

7．期末商品の棚卸高は￥1,296,000であった。

8．備品について定額法により減価償却を行う。

耐用年数：６年　　残存価額：０（ゼロ）

9．手数料の未収分が￥86,400ある。

10．支払家賃は、当期から契約を開始した店舗建物の賃借によるもので、６月１日に向こう１年分として支払ったものである。

11．法定福利費の未払分が￥8,000ある。

12．当期の法人税、住民税及び事業税は￥1,300,000と算定された。

まるっと完全予想問題集
第7回　答案用紙

3　級　④

商　業　簿　記

受験番号 ＿＿＿＿＿＿＿＿

氏　　名 ＿＿＿＿＿＿＿＿

採点欄	
第3問	

第3問（35点）

決算整理後残高試算表
×6年3月31日

借方	勘定科目	貸方
10,770,700	現金	
852,000	受取手形	
2,158,000	売掛金	
	貸倒引当金	
	繰越商品	
	貯蔵品	
	(　　)家賃	
	(　　)利息	
1,350,000	備品	
	備品減価償却累計額	
3,600,000	建物	
	建物減価償却累計額	
920,000	土地	
	支払手形	503,650
	買掛金	905,000
	借入金	660,000
	未払消費税	
	未払法人税等	
	資本金	8,200,000
	繰越利益剰余金	5,300,000
	売上	8,192,000
	(　　　　)	
	仕入	
805,750	給料	
	租税公課	
	支払家賃	
	貸倒引当金繰入	
	減価償却費	
	支払利息	
	法人税、住民税及び事業税	

当期純利益　¥

第3問（35点）

次の決算整理前残高試算表、および決算整理事項にもとづいて、答案用紙の決算整理後残高試算表を完成し、当期純利益を求めなさい。消費税の仮受け・仮払いは売上取引・仕入取引のみで行い、税抜方式で処理する。会計期間は、×5年4月1日から×6年3月31日までの1年間である。

〔A〕決算整理前残高試算表

決算整理前残高試算表
×6年3月31日

借方	勘定科目	貸方
10,770,700	現金	
852,000	受取手形	
2,158,000	売掛金	
	貸倒引当金	28,500
552,300	繰越商品	
282,500	仮払消費税	
442,000	仮払法人税等	
1,350,000	備品	
	備品減価償却累計額	93,750
3,600,000	建物	
	建物減価償却累計額	300,000
920,000	土地	
	支払手形	503,650
	買掛金	905,000
	仮受金	200,000
	借入金	660,000
	仮受消費税	819,200
	資本金	8,200,000
	繰越利益剰余金	5,300,000
	売上	8,192,000
2,825,000	仕入	
805,750	給料	
105,600	租税公課	
508,000	支払家賃	
30,250	支払利息	
25,202,100		25,202,100

〔B〕決算整理事項

1．仮受金はかつて倒産した得意先に対する売掛金にかかる入金であることが判明した。なお、この売掛金は前期に貸倒処理済みである。

2．期末商品棚卸高は￥601,200である。なお、売上原価は仕入勘定で計算する。

3．売上債権（受取手形および売掛金）の期末残高に対して、実績率1％、差額補充法により貸倒引当金を設定する。

4．有形固定資産について、次の要領で定額法により減価償却を行う。

備品：耐用年数6年　残存価額ゼロ

建物：耐用年数30年　残存価額ゼロ

5．購入時に租税公課として処理していた収入印紙の未使用高が￥52,800あるため、貯蔵品勘定へ振り替える。

6．当期における家賃、および借入金の利息に対し、月割計算により適切な処理を行う。

① 支払家賃の契約条件

毎年8月1日に向こう1年分を前払いする（前期から毎期同額￥381,000）。

② 借入金の契約条件

借入日：×5年2月1日、返済日：×7年1月31日、利率：年2.5％、利息は借入時に支払っている。そこで、前払分を適切に処理する。

7．消費税の処理を行う。

8．当期の法人税、住民税及び事業税は￥980,200と算定された。仮払法人税等との差額は未払法人税等として計上する。

まるっと完全予想問題集
第6回　答案用紙

3　級　④

受験番号

氏　　名

商　業　簿　記

採　点　欄	
第3問	

第3問（35点）

損　益　計　算　書

○○株式会社　　×4年（　　）月（　　）日～×5年（　　）月（　　）日　　（単位：円）

費　　用	金　　額	収　　益	金　　額
売上原価	（　　　）	売上高	（　　　）
給　　料	（　　　）	受取手数料	（　　　）
法定福利費	（　　　）		
支払家賃	（　　　）		
広告宣伝費	（　　　）		
貸倒引当金繰入	（　　　）		
雑（　　　）	（　　　）		
法人税、住民税及び事業税	（　　　）		
当期純利益	（　　　）		
	（　　　）		（　　　）

貸　借　対　照　表

○○株式会社　　×5年（　　）月（　　）日　　（単位：円）

資　　産	金　　額		負債及び純資産	金　　額
現　　金		（　　　）	支払手形	（　　　）
普通預金		（　　　）	買掛金	（　　　）
受取手形	（　　　）		借入金	（　　　）
貸倒引当金	（△　　）	（　　　）	未払金	（　　　）
売掛金	（　　　）		未払費用	（　　　）
貸倒引当金	（△　　）	（　　　）	（　　　）消費税	（　　　）
商　　品		（　　　）	未払法人税等	（　　　）
前払費用		（　　　）	社会保険料預り金	（　　　）
未収収益		（　　　）	資本金	（　　　）
備　　品	（　　　）		繰越利益剰余金	（　　　）
減価償却累計額	（△　　）	（　　　）		
		（　　　）		（　　　）

第3問（35点）

次の決算整理前残高試算表と決算整理事項等にもとづいて、損益計算書と貸借対照表を完成しなさい。なお、消費税の仮受け・仮払いは売上取引・仕入取引のみ行うものとする。会計期間は、×4年4月1日から×5年3月31日である。

決算整理前残高試算表
×5年3月31日

借　方	勘定科目	貸　方
2,518,400	現金	
2,153,900	普通預金	
	当座預金	397,400
348,000	受取手形	
252,000	売掛金	
192,000	繰越商品	
259,200	仮払金	
206,300	仮払消費税	
50,000	仮払法人税等	
864,000	備品	
	支払手形	143,600
	買掛金	201,600
	未払金	28,800
	仮受消費税	400,000
	社会保険料預り金	5,000
	貸倒引当金	9,600
	減価償却累計額	863,999
	資本金	3,000,000
	繰越利益剰余金	457,001
	売上	4,000,000
	受取手数料	316,800
2,063,000	仕入	
370,000	給料	
55,000	法定福利費	
432,000	支払家賃	
60,000	広告宣伝費	
9,823,800		9,823,800

〔決算整理事項等〕

1．現金の実際有高は¥2,358,400であった。帳簿残高との差額のうち¥150,000は広告宣伝費の記入漏れであることが判明したが、残額については原因が不明のため、雑損または雑益として処理する。
2．当座預金の貸方残高について、全額を借入金勘定に振り替える。なお、当社は取引銀行と¥2,400,000を借越限度額とする当座借越契約を締結している。
3．売上債権の期末残高に対して4％の貸倒れを見積もる。貸倒引当金の設定は、差額補充法による。
4．商品の期末棚卸高は¥384,000であった。
5．備品は、すでに昨年度において当初予定していた耐用年数を迎えたが、来年度も使用し続ける予定である。そこで、今年度の減価償却は不要であり、決算整理前残高試算表の金額をそのまま貸借対照表へ記載する。
6．法定福利費について、¥5,000を未払計上する。
7．手数料の未収分が¥26,400ある。
8．仮払金は×5年2月1日に向こう6か月分の家賃を普通預金口座から支払ったものであることが判明した。前払分については月割で計上する。
9．消費税の処理（税抜方式）を行う。
10．当期の法人税等は¥380,000と算定された。仮払法人税等との差額は未払法人税等として計上する。